FUNDAMENTOS E MODELOS
NAS
PARCERIAS PÚBLICO-PRIVADAS NA SAÚDE.
O ESTUDO DOS SERVIÇOS CLÍNICOS

PEDRO MANUEL ALVES PEREIRA DA SILVA

Mestre em Gestão e Estratégia Industrial

FUNDAMENTOS E MODELOS NAS PARCERIAS PÚBLICO-PRIVADAS NA SAÚDE. O ESTUDO DOS SERVIÇOS CLÍNICOS

FUNDAMENTOS E MODELOS
NAS PARCERIAS PÚBLICO-PRIVADAS NA SAÚDE.
O ESTUDO DOS SERVIÇOS CLÍNICOS

AUTOR
PEDRO MANUEL ALVES PEREIRA DA SILVA

EDITOR
EDIÇÕES ALMEDINA, SA
Av. Fernão Magalhães, n.º 584, 5.º Andar
3000-174 Coimbra
Tel.: 239 851 904
Fax: 239 851 901
www.almedina.net
editora@almedina.net

PRÉ-IMPRESSÃO | IMPRESSÃO | ACABAMENTO
G.-C. GRÁFICA DE COIMBRA, LDA.
Palheira – Assafarge
3001-453 Coimbra
producao@graficadecoimbra.pt

Maio, 2009

DEPÓSITO LEGAL
293955/09

Os dados e as opiniões inseridos na presente publicação
são da exclusiva responsabilidade do(s) seu(s) autor(es).

Toda a reprodução desta obra, por fotocópia ou outro qualquer
processo, sem prévia autorização escrita do Editor, é ilícita
e passível de procedimento judicial contra o infractor.

Biblioteca Nacional de Portugal – Catalogação na Publicação

SILVA, Pedro Manuel Alves Pereira da

Fundamentos e modelos nas parcerias
público-privadas na saúde: o estudo
dos serviços clínicos

ISBN 978-972-40-3796-7

CDU   334
      346
      614

*Aos meus pais, NAZARÉ e NICOLAU
que investiram na minha formação.*

ÍNDICE

PREFÁCIO 15

INTRODUÇÃO 17

1. As Parcerias Público-Privadas: fundamentos teóricos e quadro conceptual 21
  1.1. O papel do Estado na economia 21
    1.1.1. As diferentes concepções e funções do estado 21
    1.1.2. Breve evolução temporal 25
  1.2. A intervenção do Estado e as parcerias com o sector privado 30
    1.2.1. As Parcerias Público-Privadas: Características Básicas 31
    1.2.2. Breve discussão das alternativas às PPP: Investimento Público e Privatização 35
  1.3. A fundamentação económica das parcerias público-privadas 41
    1.3.1. Abordagem microeconómica 41
      1.3.1.1. Os objectivos de eficiência, eficácia e de qualidade 41
      1.3.1.2. Fontes de ineficiência do sector público e ganhos associados às PPP 45
      1.3.1.3. A natureza dos bens e serviços e o seu efeito nas PPP 47
      1.3.1.4. A Transferência de Risco 51
    1.3.2. Abordagem macroeconómica 55
      1.3.2.1. Consolidação orçamental no quadro da UEM 55
      1.3.2.2. As Normas do Eurostat 59
  1.4. A regulação 61
    1.4.1. A necessidade de regulação 61
    1.4.2. Regulamentação contratual das PPP 64
    1.4.3. A especificidade da regulação na saúde 66

8   *Fundamentos e Modelos nas Parcerias Público-Privadas...*

2. Experiências Internacionais com Parcerias Público-Privadas 69
   2.1. A importância crescente das PPP: países e sectores de actividade   69
      2.1.1. As parcerias com o sector privado nos vários sectores de actividade 69
      2.1.2. O caso específico do sector da saúde 75
      2.1.3. A especificidade do contexto europeu 78
   2.2. As PPP no sector da saúde: os casos do Reino Unido, Austrália e Canadá 81
      2.2.1. Os modelos adoptados e os seus fundamentos 81
      2.2.2. A função de regulação do Estado 95
      2.2.3. Breve discussão dos resultados alcançados 99

3. As PPP na saúde: os serviços clínicos 107
   3.1. Principais características do mercado de bens e serviços de saúde   107
      3.1.1. O mercado da saúde: breve caracterização 108
      3.1.2. O Estado na produção e fornecimento de serviços saúde ...
   3.2. Especificidades dos serviços clínicos 114
      3.2.1. Dimensão social 114
      3.2.2. Presença de informação assimétrica 116
      3.2.3. A dimensão da qualidade em saúde 119
      3.2.4. Mensurabilidade 121
      3.2.5. A procura 123
   3.3. Critérios de inclusão versus exclusão dos serviços clínicos nas PPP de saúde 124
      3.3.1. Princípios básicos a que uma PPP deve obedecer 125
      3.3.2. Contratos imperfeitos 129
      3.3.3. Defesa do interesse público 135
      3.3.4. Eficiência 139
   3.4. Evidências das experiências internacionais 140

4. O modelo Português de PPP na saúde 143
   4.1. Breve resenha histórica 143
   4.2. O modelo de PPP na Saúde 149
      4.2.1. Caracterização geral 149
      4.2.2. Virtudes e fragilidades 155

CONCLUSÕES 163

BIBLIOGRAFIA 169

LISTA DE QUADROS

Quadro 1.1 – Principais Modelos de PPP 35

Quadro 1.2 – Síntese Comparativa entre Investimento Público, PPP e Privatização 40

Quadro 1.3 – Tipos de riscos associados às PPP 54

Quadro 2.1 – Síntese das PPP por País e Sector em 2004-2005 71

Quadro 2.2 – Ganhos de eficiência obtidos durante a fase de construção no Reino Unido 100

Quadro 2.3 – Pontuação comparativa dos serviços de limpeza hospitalar no Reino Unido 104

Quadro 3.1 – Características do mercado de serviços de saúde 110

Quadro 4.1 – Síntese dos primeiros projectos de PPP no sector da saúde. 148

LISTAS DE FIGURAS

Figura 1.1 – Confronto entre o perfil dos pagamentos no modelo de investimento público tradicional e no modelo de PPP 58

Figura 2.1 – Evolução dos projectos em PPP/PFI por sector no Reino Unido 82

Figura 2.2 – Estrutura genérica do modelo DBFO 84

Figura 2.3 – Modelo genérico da estrutura de parceria Britânica 85

Figura 2.4 – Estrutura da Parceria Público-Privada LIFT 90

Figura 4.1 – Estrutura Genérica do modelo de PPP no Sector Hospitalar Português 150

LISTA DE ABREVIATURAS

BEI	Banco Europeu de Investimento
BOO(T)	Build, Own and Operate (Transfer)
BDO	Build, Design and Operate
CE	Comissão Europeia
CEE	Comissão das Comunidades Europeias
DBFO	Design, Build, Finance and Operate
DL	Decreto-Lei
DR	Decreto Regulamentar
HFM	Hard Facilities Management
HMT	Her Majesty's Treasury
IM&T	Information Management Technology
IOM	Institute of Medicine
JOUE	Jornal Oficial da União Europeia
LIFTCO	Joint Venture Local
LIFT	Local Improvement Finance Trust
MPG	Moderna Gestão Pública
NAO	National Audit Office
NHS	National Health Service
OCDE	Organização de Cooperação e Desenvolvimento Económico
OGC	Office of Government Commerce
PEC	Pacto de Estabilidade e Crescimento
PFI	Private Finance Initiative
PfH	Partnership for Health
PPP	Parceria(s) Público-Privada(s)
PIB	Produto Interno Bruto
SFM	Soft Facilities Management
ROE	Relatório do Orçamento de Estado
SEC 95	Sistema Europeu de Contas Económicas Integradas
SNS	Serviço Nacional de Saúde
SPA	Strategic Partnering Agreement
SPV	Special Purpose Vehicle
TC	Tribunal de Contas
VfM	Value for Money

PREFÁCIO

Este trabalho resulta da tese de dissertação de Mestrado apresentada em Dezembro de 2007 no Instituto Superior de Economia e Gestão (ISEG) da Universidade Técnica de Lisboa, para obtenção do Grau de Mestre em Gestão e Estratégia Industrial.

O tema tratado aborda as parcerias público-privadas na saúde. Procura compreender os modelos de parceria público-privadas na saúde e as razões para a inclusão versus exclusão dos serviços clínicos nas parcerias. Efectua ainda uma abordagem ao modelo de parceria adoptado em Portugal, comparativamente ao modelo de referência a nível internacional.

As parcerias público-privadas constituem um tema actual que tem vindo a ganhar crescente relevo nos últimos anos, quer por constituírem um mecanismo a que os governos vêm recorrendo e através do qual, juntamente com o sector privado, procuram melhorar a eficiência no sector público, quer pelo seu desconhecimento e complexidade, bem como pela sua introdução em sectores sociais muito sensíveis à opinião pública, como é caso da saúde.

A razão desta publicação reside no facto de ser escassa a literatura disponível no nosso pais sobre esta nova área de estudo no campo da economia e gestão, pretendendo ser um contributo para o conhecimento, entendimento e compreensão das parcerias público-privadas na saúde e desta forma, também, servir para apoio à decisão.

Este livro interessa aos gestores públicos e privados, decisores na administração pública, técnicos de saúde, administradores hospitalares e outros técnicos associados à gestão de unidades prestadores de cuidados de saúde.

Este trabalho não é fruto apenas do meu esforço, pois beneficiou da contribuição de algumas pessoas que me facultaram sugestões e orientações, bem como do incentivo para a sua realização e a quem agradeço.

De entre elas tive o privilégio de poder contar com o apoio da Professora Doutora Manuela Arcanjo na orientação da tese de Mestrado, pessoa incansável, paciente e dedicada bem como disponível na constante orientação.

Ao Professor Doutor Ramos Pires pelo incentivo e motivação dada para a realização da tese.

Por fim o meu agradecimento à Almedina Editora, pela confiança depositada na publicação deste trabalho.

Leiria, Dezembro de 2008

INTRODUÇÃO

O sector da saúde vem assumindo um peso crescente nas actividades económicas a nível global, absorvendo cada vez mais recursos, quer do sector público, quer do sector privado. Nos países de economia mista e em especial na Europa, o Estado ocupa o papel de principal actor no sector da saúde com diferentes modelos de actuação, os quais combinam, em diferentes graus, as vertentes de financiador, prestador e regulador dos cuidados de saúde.

Detendo o Estado o papel principal no sector, a sua importância e significado económico é evidenciada pelo peso que a despesa pública em saúde vem assumindo no PIB, na última década. Despesa, esta, que apresenta um cenário de tendência de crescimento bastante significativo que irá conduzir a uma afectação crescente de recursos públicos. São apontadas várias razões para o comportamento futuro da despesa na saúde, nomeadamente, a alteração da estrutura etária populacional com crescente número de pessoas a viver mais tempo e com necessidade de mais cuidados de saúde, a evolução das tecnologias ao nível dos equipamentos médicos e a introdução de novos fármacos e técnicas terapêuticas mais onerosos àqueles que os antecederam.

Perante um cenário de crescimento das despesas com saúde será requerido ao Estado maior intervenção na prestação e maior esforço de financiamento público nos cuidados de saúde, o que exercerá crescente pressão sobre a sustentabilidade financeira do sector e, por conseguinte, sobre os orçamentos públicos com consequências na carga fiscal. Este facto, juntamente com a importância social que a saúde ocupa, onde o direito de acesso universal, equitativo e tendencialmente gratuito aos tratamentos constituem pilares das sociedades ocidentais, tem colocado o sector no centro das atenções a nível internacional.

Perante um conjunto de adversidades que os diferentes Estados se vêm confrontando, com fortes limitações ao nível orçamental e de endividamento público, especialmente no contexto da União Europeia, tem colocado no centro das preocupações dos governos, embora com amplitudes diferenciadas, a questão da despesa pública em saúde levando-os a adoptarem crescentes medidas de contenção de gastos e à discussão e busca de novos mecanismos que promovam a melhoria da eficiência económica no sector.

Os governos têm recorrido a diferentes mecanismos para enfrentar as dificuldades, verificando-se que existe um número crescente que vem adoptando as parcerias público-privadas (PPP)[1] através das quais procuram actuar, para aliviar a pressão orçamental e do endividamento público e aumentar a eficiência económica. As PPP constituem um mecanismo, através do qual os governos juntamente com o sector privado procuram actuar no desenvolvimento e realização de projectos de investimento em infra-estruturas e prestação dos serviços conexos, a estes, em detrimento do mecanismo tradicional – investimento público.

As PPP têm sido utilizadas em diversos sectores de actividade, tradicionalmente dominados pelo Estado, com predomínio para os sectores dos transportes, vindo gradualmente a ser adoptadas noutros sectores. Um dos sectores onde o recurso à aplicação deste mecanismo é muito recente é o sector da saúde onde as experiências realizadas internacionalmente, assim como os resultados apresentados, ainda são escassos.

O Reino Unido, Austrália e Canadá são os países com maior dinamismo e experiência na realização de PPP no sector da saúde e com avaliação de resultados já apresentados. Nas experiências realizadas internacionalmente, as PPP na saúde têm sido aplicadas ao subsector hospitalar. Tal, deve-se ao facto de os hospitais serem as organizações que maior importância têm na evolução da despesa registada no sector da saúde absorvendo cerca de 45%-60% da despesa total, bem como serem o palco onde se aplicam e testam inovações tecnológicas, seja de equipamentos médicos ou de fármacos. Desta forma, constituem um centro de actuação na busca de maiores níveis de eficiência técnica no subsector hospitalar.

Portugal é um dos países onde as PPP têm sido adoptadas desde a década de 90, destacando-se os sectores rodoviários e ferroviário, tendo

---

[1] Daqui em diante optou-se pela utilização da sigla PPP.

recentemente também sido adoptado no sector da saúde. A introdução neste sector revela uma alteração do paradigma da estrutura e gestão hospitalar instalado no nosso país.

O recurso às PPP em Portugal está a ser feito tendo por base um modelo de parceria, dito inovador, por incluir a prestação dos serviços clínicos, ao contrário do modelo internacionalmente mais adoptado que os exclui.

Ora, pelo facto das PPP serem uma nova área de estudo, no campo da economia e gestão, ainda pouco estudada a nível nacional, e ainda por ser escassa a literatura disponível, constitui um desafio pessoal procurar estudá-las na saúde. Adicionalmente, compreender as razões porque são incluídos ou excluídos os serviços clínicos nas parcerias constitui um factor acrescido de interesse.

Com este trabalho, pretende-se dar um contributo teórico e metodológico para a compreensão e estudo das PPP na saúde. O presente trabalho tem como objectivo efectuar o levantamento de uma realidade pouco estudada, levando a um maior entendimento da mesma. Procura-se, assim, proceder quer a uma discussão conceptual do mecanismo das PPP, quer à análise dos modelos adoptados e dos resultados já alcançados na saúde, tendo por base as experiências internacionais. Pretende-se ainda, numa perspectiva inovadora, compreender as razões porque têm sido incluídos ou excluídos os serviços clínicos do pacote de serviços a prestar através das PPP nas diversas experiências internacionais, de forma a permitir uma reflexão e discussão do modelo de parceria adoptado em Portugal. Trata-se da abordagem possível a um processo que tem apresentado sucessivos atrasos na sua implementação.

Tendo estes objectivos como referência, o trabalho encontra-se estruturado em 4 capítulos. No primeiro capítulo apresentam-se os fundamentos teóricos e estabelece-se o quadro conceptual das PPP, apresentando-se uma caracterização genérica das mesmas. Segue-se uma abordagem à fundamentação económica das PPP, na perspectiva micro e macroeconómica, como meio de alcançar a sustentabilidade das finanças públicas com os ganhos de eficiência e eficácia que se possam obter, bem como o seu enquadramento no contexto da consolidação orçamental da União Europeia, e do tratamento no sistema de Contas Económicas Integradas (SEC 95). O capítulo termina com uma análise sumária da actividade de regulação por parte do Estado, com ênfase no sector da saúde.

O segundo capítulo aborda o desenvolvimento das experiências internacionais com as PPP na saúde nos países com experiências já realizadas e com avaliação dos seus resultados. De acordo com a informação disponível, os países que se apresentam mais activos e com experiências realizadas são: o Reino Unido, Austrália e Canadá. Apresenta-se uma caracterização dos modelos de parceria adoptados e fundamentos de adopção em cada um dos países estudados. O capítulo termina com apresentação e discussão dos resultados alcançados nos países seleccionados.

No capítulo terceiro estudam-se as razões para a inclusão versus exclusão dos serviços clínicos nas PPP em saúde. Pretende-se realçar as características dos serviços de saúde e as especificidades próprias que envolvem os serviços clínicos apresentando os principais critérios que, no entender do autor, determinam a inclusão ou não dos serviços clínicos no pacote de serviços a prestar através das parcerias. O capítulo termina com a apresentação de argumentos baseados nas evidências das experiências internacionais que sugerem a exclusão dos serviços clínicos.

No quarto capítulo, procede-se à análise e discussão, à luz das experiências internacionais, do modelo português de PPP adoptado no sector da saúde. O capítulo inicia com uma breve referência ao surgimento das PPP em Portugal, com destaque para o sector da saúde. Segue-se a caracterização e análise crítica possível, em virtude de apenas e só existir, à data, o quadro legislativo do modelo contratual de parceria adoptado na saúde, em especial o Decreto Regulamentar 14/2003, de 30 de Junho. A discussão deste quadro legal permitirá, por referência às conclusões extraídas das experiências internacionais, identificar quer as suas virtudes, quer as suas fragilidades.

1. AS PARCERIAS PÚBLICO-PRIVADAS: FUNDAMENTOS TEÓRICOS E QUADRO CONCEPTUAL

Este capítulo tem como principal objectivo a análise dos fundamentos teóricos das PPP, no contexto das economias mistas. Partindo deste objectivo, o capítulo inicia com uma revisão das diferentes concepções do Estado e suas funções (secção 1.1). Seguidamente apresenta-se uma caracterização genérica e terminológica das PPP, bem como uma breve discussão das opções alternativas (secção 1.2). A fundamentação económica é discutida segundo as abordagens micro e macroeconómica (secção 1.3) no pressuposto da possível influência do objectivo de sustentabilidade das finanças públicas, para além dos potenciais ganhos de eficiência e eficácia. O capítulo termina (secção 1.4) com uma análise sintética da importância da actividade de regulação por parte do Estado na presença das PPP, em especial no sector da saúde.

1.1. O papel do Estado na economia

1.1.1. *As diferentes concepções e funções do estado*

A natureza e o grau da intervenção do Estado nas economias mistas têm como quadro teórico de referência uma das três principais correntes de pensamento: o Estado mínimo ou liberal, o Estado de Bem-Estar (*Welfare State*) e o Estado imperfeito (Pereira *et al.*, 2005).

Na concepção do Estado mínimo, tendo como principais defensores Adam Smith e David Ricardo, o papel do Estado resume-se apenas ao assegurar das condições necessárias ao bom funcionamento do mercado (sector privado). Os seus defensores privilegiam um sistema socioeconómico assente na economia de mercado caracterizada pela livre concorrência, através da qual se realiza a eficiente afectação de recursos, sabendo-se o que, como e quanto produzir. A livre concorrência funciona segundo uma ordem natural, a qual permite que através do mercado se alcance, de forma espontânea, o equilíbrio económico, o bem-estar e justiça social[2], devendo o Estado abster-se de interferir de forma arbitrária na actividade económica, evitando restringir a liberdade e opções dos agentes, para não perturbar esse equilíbrio.

De acordo com esta concepção, a reduzida intervenção do Estado é duplamente justificada pela sua não vocação para as actividades económicas bem como pela certeza que o sistema de mercados em concorrência constitui garante de uma afectação eficiente de recursos, pelo que a sua intervenção seria inútil (Taylor, 1986). Ao Estado apenas são conferidas actividades que garantam a manutenção do bom funcionamento do sistema de mercado (defesa e segurança territorial, justiça e manutenção da ordem interna), de forma a garantir que as relações contratuais entre os agentes sejam respeitadas e assegurar o direito de propriedade privada. Além destas duas é atribuída uma terceira actividade, o exercício de funções com carácter de interesse geral, nomeadamente, a disponibilização de determinados bens destinados à satisfação do interesse geral e à vida em comunidade (infra-estruturas rodoviárias, ferroviárias, portos), que o mercado livre não se encontra disponível para assumir (Pereira *et al.*, 2005; Paul, 1981). Todas as restantes funções económicas e sociais são desenvolvidas e resolvidas pelo funcionamento livre do mercado que se auto-regula, segundo o princípio do *laissez faire,* em que a liberdade natural de cada agente, na procura do seu bem-estar, estimula a utilização eficiente dos recursos, promovendo o crescimento económico (Cornes e Sandler, 1986; Pereira *et al.*, 2005; Sousa, 1992)[3].

Por outro lado, os defensores do Estado de bem-estar ou Estado providência, tendo como principal difusor John Keynes, referem que os mercados competitivos constituem um importante mecanismo na afectação eficiente de recursos, pela transmissão de informação, via sistema

---

[2] Adam Smith aponta o progresso económico como meio de correcção das desigualdades sociais e de resolução dos problemas entre eficiência e equidade, assente na autonomia e liberdade individual e económica (Taylor, 1986).

[3] No Estado mínimo, as despesas decorrentes do exercício das suas actividades deveriam ser financiadas apenas por impostos sendo exigido um equilíbrio orçamental.

de preços, que ocorre entre os agentes económicos. No entanto, admitem que aquele nem sempre se auto-regula de forma a garantir um equilíbrio espontâneo, nem consegue atingir uma afectação de recursos socialmente justa, antes gerando desigualdades sociais, ao nível dos direitos de propriedade e distribuição do rendimento e da riqueza. Fundamenta-se assim a necessidade duma intervenção activa do Estado na actividade económica para corrigir desequilíbrios criados e assegurar uma sociedade mais justa (Pereira *et al.*, 2005).

A intervenção do Estado pode assumir três formas diferentes, correspondendo a outras tantas funções e objectivos: através da redistribuição, corrigindo situações de injustiça social e garantindo meios mínimos de subsistência (rendimento e assistência social) aos indivíduos mais carenciados (função de distribuição orientada para a promoção da equidade); através da afectação de recursos, ampliando o leque dos designados bens e serviços primários ou sociais (educação, saúde e outros) que o mercado não produz ou produz em quantidades inferiores ao do óptimo social[4] (Mitchell e Grove, 1966:60), apesar de fundamentais para a melhoria do bem-estar social e garantia da dignidade humana logo, aos quais todos os indivíduos deveriam ter acesso (função afectação orientada para a promoção da eficiência). Defendem ainda, uma intervenção do Estado ao nível macroeconómico sempre que a auto-regulação do mercado não evite situações de crise económica e social; assim, competiria ao Estado a promoção do crescimento económico e do emprego, com estabilidade dos preços – função estabilização (Musgrave e Musgrave, 1976; Pereira *et al.*, 2005; Sousa, 1992).

Desta forma na concepção do *Welfare State*, a intervenção do Estado na economia não é incompatível com o exercício de livre mercado, indo o seu papel muito para além da função afectação como defendida no Estado mínimo, alargando inclusive a sua amplitude e prosseguindo o interesse geral. O Estado assume um papel de distribuidor da riqueza e estabilizador macroeconómico, proporcionando uma afectação eficiente de recursos que

---

4 Para os defensores do *Welfare State*, o máximo de bem-estar social ou bem estar social óptimo, promovida pela intervenção do Estado, tem como referência o teorema de Óptimo de *Pareto*, que segundo determinadas condições nos mercados competitivos é possível realizar uma eficiente afectação de recursos, de tal maneira que se aumenta o bem--estar de um agente sem reduzir o bem-estar de outro. Para uma análise mais detalhada do teorema e requisitos exigidos ver, por exemplo, Atkinson e Stiglitz, 1980.

alcance um bem-estar socialmente mais justo (equitativo) que o verificado no sistema de mercado liberal[5].

Os que defendem a concepção de um Estado imperfeito partem do pressuposto que os cidadãos defendem, na esfera privada e pública, essencialmente os seus interesses pessoais, sendo neste caso, o sector público influenciado pelo comportamento dos seus agentes. Nesta concepção teórica, o Estado funciona como um instrumento destinado ao serviço do interesse geral dos cidadãos e não de grupos de interesses individuais (políticos, burocratas, *lobbys* corporativos) que distorcem o interesse geral. Os defensores do Estado imperfeito, além de aceitarem que a intervenção do Estado contribui para a afectação eficiente de recursos, defendem ainda que a função distributiva deve ser exercida de forma generalista e não selectiva para grupos de interesses, sendo necessário a limitação dos benefícios dessa redistribuição. Subjacente a esta visão do Estado, encontram-se dois argumentos: a existência de fracassos de mercado não significa que o Estado seja capaz de os resolver e de que da sua própria intervenção também resultam fracassos de difícil resolução. A este propósito Samuelson e Nordhaus (1993:360) identificam duas fontes de falhas de governo: primeiro, o designado imperativo burocrático que justifica que "poucos resistem à tentação de aumentar a sua influência ou poder" e, segundo, os actos eleitorais cujas "pressões [...] podem levar a decisões políticas com horizontes de curto prazo".

Os defensores do Estado imperfeito advogam que o crescimento excessivo do papel do Estado na actividade económica torna-se prejudicial para o bom funcionamento da economia, em virtude da elevada absorção de recursos, necessários ao seu financiamento, bem como pelas distorções geradas pelos benefícios orientados para os grupos de interesses e não à luz do interesse geral.

No sentido de restringir o poder e decisões discricionárias do Estado é defendido que se deverão introduzir limitações aos poderes dos governos, como o limite ao endividamento e exigência de contas públicas e quilibradas (Pereira *et al.*, 2005:32).

---

[5] Nesta segunda concepção era admissível um desequilíbrio orçamental financiado por recurso ao endividamento.

1.1.2. Breve evolução temporal

A evolução histórica dos sistemas económicos tem ocorrido de acordo com a variação da natureza e do grau de intervenção do Estado na actividade económica. Durante a segunda metade do século XVIII até ao século XIX, predominou uma estrutura económica dominada pela corrente de pensamento do mercado livre como o promotor do progresso económico, estando reservada ao Estado uma intervenção muito delimitada. No início do século XX, a ocorrência de factores estruturais e conjunturais conduziu a uma alteração do papel do Estado na actividade económica, passando a desempenhar um papel activo no progresso económico, nomeadamente, nos países de economia ocidental.

Desde 1929 até finais dos anos 60, em resultado quer das crises económicas vividas entre 1929 e 1934, quer da II Guerra Mundial, o Estado assumiu um papel crescente nas economias ocidentais. Com efeito, o Estado assumiu a tarefa da supressão das falhas do mercado na produção e provisão de determinados bens e serviços – em especial, nos domínios da protecção de riscos sociais e da prestação de cuidados de saúde – bem como a realização de avultadas despesas em investimento destinados à recuperação e relançamento da actividade económica (Gangemi, 1964; Hyman, 1996 e Stiglitz 1988).

A necessidade de uma forte intervenção do Estado na actividade económica veio colocar a descoberto as deficiências do funcionamento livre do mercado. A sua incapacidade para fornecer determinados bens, ditos sociais[6], para superar as crises sociais e as deficiências manifestadas no relançamento da actividade económica, conduz a situações de prolongada estagnação económica e de desemprego. Esta evidência demonstrou que o mercado, por si só, não é capaz de resolver sempre o problema da eficiência e equidade por forma a conduzir a economia ao bem-estar social óptimo, justificando a intervenção correctiva do Estado (Paul, 1981;14), para promover o bem estar social e um crescimento económico elevado. É neste contexto que surge a teoria do Estado protector ou *Welfare State* como meio de alcançar o máximo de bem-estar social, através da satisfação de necessidades colectivas segundo o princípio da igualdade de tratamento.

---

[6] Também designados correntemente de bens e serviços públicos ou também de bens e serviços de interesse geral, como refere Roque (2004).

Nas décadas seguintes ao final da II Guerra Mundial, o Estado atinge, na Europa, um peso bastante elevado[7] em resultado quer do período de economia de guerra que se viveu, assumindo o comando de todas as actividades económicas e onde a intervenção é total (Paul, 1981:15), quer pelo *boom* populacional que ocorreu. Em resultado, o Estado chamou a si a execução de um número crescente de tarefas: a produção e provisão de bens e serviços públicos tendentes à satisfação das necessidades sociais, a realização de avultados investimentos em infra-
-estruturas sociais e económicas (rodovias, escolas e hospitais), bem como o exercício directo de actividades empresariais juntamente com o sector privado.

Ao aumento do papel do Estado correspondeu o crescimento da despesa pública que, acompanhada por um elevado crescimento populacional, foi suportada num contínuo e elevado crescimento económico (Paul, 1981; Premchand, 2000; Wiseman e Peacock, 1966). A evolução, entretanto, verificada na despesa pública, e consequente endividamento público, e a alteração do contexto no qual a expansão do Estado havia ocorrido, começaram a colocar, nos finais dos anos 70, diversos problemas aos governos. Uma despesa pública crescente a registar em muitos países, taxas de crescimento superior às taxas de crescimento económico, associada a alterações populacionais e tecnológicas, bem como a uma ineficiente afectação de recursos por parte do Estado, conduziram a graves desequilíbrios orçamentais (Musgrave e Musgrave, 1976; OCDE, 2005; Paul, 1981; Premchand, 2000).

Dos diversos factores que contribuíram para o crescimento da despesa pública o mais determinante foi a alteração populacional ocorrida. O *baby boom* ocorrido no período pós-guerra e a redução significativa do número de nascimentos conduziu, posteriormente aos anos setenta, à alteração da estrutura etária populacional com inversão da pirâmide etária – aumento da idade, com repercussão ao nível das transferências sociais.

Em sequência dos desequilíbrios originados nas finanças públicas, com o consequente crescimento das necessidades de endividamento, e da incapacidade que o próprio Estado manifestava para superar as falhas de

---

[7] O elevado peso fez-se sentir quer pelo aumento do número de funções desempenhadas, quer pela dimensão em termos orgânicos do Estado, criando um conjunto vasto de institutos e organizações públicas (Premchand, 2000).

mercado, começou a ser advogado por certos autores[8] que o governo (como instituição de controlo e decisor de políticas públicas) também apresentava falhas que se manifestavam quer pela dificuldade do Estado em suprir as falhas de mercado que originaram a sua intervenção, quer na sua incapacidade de estabelecer uma sociedade socialmente mais justa (Atkinson e Stiglitz, 1980; Mitchell e Grove, 1966; Pereira *et al.*, 2005:85). A produção de falhas geradas pela intervenção do Estado na economia[9], leva também a questionar, nas décadas 70 e 80, como são definidas e influenciadas pelo governo as decisões de políticas públicas no exercício das suas funções de afectação e de distribuição (Atkinson e Stiglitz, 1980; Pereira *et al.*, 2005).

É neste contexto que surgiu a teoria do Estado imperfeito, determinante para a introdução de limitações aos poderes públicos, nomeadamente pelo controlo das finanças públicas, e para a rejeição de uma redistribuição de recursos em benefício de grupos de interesses (Pereira *et al.*, 2005). Tornou-se, assim, mais difícil aos governos resolver os problemas do crescimento da despesa, gerados pela mudança social. Como resposta possível, muitos governos voltaram-se para a redução da dimensão ou para a alteração da estrutura do seu sector público, implementando um conjunto de reformas centradas na melhoria da sua eficiência e fortemente influenciadas pelo contexto interno de cada país (OCDE, 2005).

Essas reformas foram iniciadas na segunda metade dos anos 70, tendo dado os primeiros passos em alguns países da OCDE, caso do Reino Unido, Austrália, Nova Zelândia e EUA. Baseadas na teoria da *New Public Management* ou Moderna Gestão Pública (MPG), estas reformas tornaram-se o novo paradigma global para a gestão pública dominante em todo o mundo, até aos dias de hoje (Yamamoto, 2003; Greer, 1994; Premchand, 2000; Savas, 2000; Zifcak, 1994). A sua disseminação a nível global não pode ser dissociada do contexto e influência internacional, particularmente do envolvimento de instituições financeiras internacionais como o Banco Mundial e o Fundo Monetário Internacional, os quais suportaram um conjunto de programas de ajustamentos estruturais (Larbi, 1999; Yamamoto, 2003).

---

[8] De entre os quais se destaca James Buchanan.

[9] Para uma análise mais detalhada das causas identificadas, ver Stiglitz (1988).

A literatura especializada sugere um conjunto de elementos conceptuais e de doutrina que envolvem a criação da MPG, os quais não sendo todos homogéneos, apresentam-se largamente coincidentes nas componentes tendenciais que conduziram as reformas na gestão pública de um largo conjunto de países da OCDE (Yamamoto, 2003; Metcalfe e Richards, 1990).

Para Yamamoto (2003:1), o termo MGP "entrou em uso para descrever o conjunto de reformas na Inglaterra e Nova Zelândia, que tinham como dispositivo conceptual a proposta de discussão das mudanças na organização e na gestão pública". Para Metcalfe e Richards (1990), o objectivo principal das mudanças organizativas consistia num modelo de gestão orientado pela eficiência, economia e eficácia.

À MPG são geralmente atribuídos os seguintes princípios: tónica nos resultados e seu controlo; desagregação das tradicionais e burocráticas organizações públicas; descentralização da autoridade de gestão; introdução de mecanismos tipo-mercado e serviços orientados para o consumidor (Hood, 1991: 4-5; OCDE, 1995: 8-15).

Em síntese, pode-se afirmar que a MPG é a fusão entre os elementos do campo da nova economia institucional, com princípios de avaliação do desempenho, de introdução do princípio da concorrência, de transparência e da gestão por objectivos no campo de administração de negócios, com ênfase na gestão organizacional, visando dar mais escolha e participação aos utilizadores dos serviços, promovendo a eficiência no fornecimento e prestação de serviços públicos (Larbi, 1999).

De acordo com Hood (1991; 1995b:96) e Owens (1998), a MGP pode ser caracterizada por um conjunto de princípios básicos, dos quais se destacam os três seguintes[10]: i) Gestão nas mãos de profissionais, i.e. liberdade para gerir; ii) Definição clara de objectivos, indicadores e medidas de avaliação de desempenho; e iii) Concorrência no sector público.

Analisando mais detalhadamente o significado de cada um dos três princípios acima expostos verifica-se que, o primeiro reconhece a necessidade de existência de profissionais na gestão de topo das organizações públicas, devendo existir suficiente flexibilidade e responsabilidade de gestão por forma a alcançar os objectivos definidos. Com este princípio, a ênfase é deslocada das capacidades políticas para as qualidades e capa-

---

[10] Os restantes princípios podem ser analisados em Hood (1991) e Owens (1998).

cidades de gestão pessoais e dos burocratas anónimos para gestores visíveis no topo das organizações públicas. O segundo princípio refere a necessidade clara e definição prévia de objectivos, alvos e indicadores de sucesso e desempenho, preferencialmente expressos em termos quantitativos, assente na elevada responsabilidade no uso dos recursos. Este princípio centra-se nos resultados individuais produzidos em contraste com a preferência nos recursos dado pelo modelo de administração pública tradicional.

Por fim, o terceiro princípio refere-se ao aumento de competição da gestão no fornecimento e prestação de serviços quer entre as organizações pertencentes ao próprio sector público quer entre organizações do sector público e privado. A introdução de competição pode ajudar ao uso com parcimónia dos recursos e fomentar a qualidade dos serviços públicos. Como Olowu (2002:4) refere: "através da separação entre quem realiza a provisão (autoridade legal) e quem fornece e presta os bens ou serviços cria-se rivalidade entre os diversos fornecedores, conduzindo a mais baixos custos e incremento de padrões de qualidade".

Alguns dos princípios da MGP são traduzidos sob a forma contratação a terceiros, fora da esfera pública, de bens e serviços públicos, assim como de determinadas funções suporte daqueles, à descentralização de serviços criando-se unidades geridas autonomamente, com orçamento e controlo financeiro e consequentes responsabilidades na sua gestão.

Apesar do conjunto de reformas levadas a cabo a partir dos anos 70 tendentes a melhorar a eficiência dos organismos públicos e corrigir alguns dos problemas surgidos com a larga intervenção do Estado na economia, a pressão sobre os governos mantém-se, nomeadamente, sobre os limites e restrições à despesa pública bem como as oriundas das alterações das necessidades da sociedade OCDE (2005). Além deste facto, as reformas levadas a cabo revelaram, também, na sua implementação algumas deficiências e problemas, ao nível dos quadros institucionais e na capacidade de gestão de contratos por parte do sector público. Alguns estudos identificaram a necessidade de algumas pré-condições institucionais consideradas críticas para o sucesso e bom desempenho das alterações organizacionais (Mallon, 1994; Shirley and Xu, 1997; World Bank, 1995).

Num contexto caracterizado por um reduzido crescimento económico e por fortes limitações orçamentais, acrescido por alterações sociais e tecnológicas profundas da sociedade moderna, os governos estão

30 *Fundamentos e Modelos nas Parcerias Público-Privadas...*

agora a actuar a um nível mais profundo da estrutura e funções do Estado na economia. Procurando redefinir questões básicas relativas à definição das funções do Estado, os governos mudaram o modelo de intervenção estatal prescindindo do seu papel de detentor de meios de produção, da produção e provisão directa, transferindo estas actividades para o sector privado, lucrativo e não lucrativo. Por outro lado, aumenta o seu papel na coordenação e regulação dos mercados e das actividades exercidas pelos agentes económicos (Roque, 2004; World Bank, 1997)[11].

A alteração do papel do Estado tem como objectivo alcançar um novo ponto de equilíbrio da economia (melhor bem estar social), no qual se verifique uma melhor e maior eficiência na afectação de recursos disponíveis na economia, entre o sector público e privado (Herber, 1979; OCDE, 2005 e Premchand, 2000). Dentro desta mudança, surgem novas e inovadoras formas de organização, com destaque para o estabelecimento de parcerias entre o sector público e privado como meio de alcançar maior eficiência na afectação de recursos, e cujas características básicas são objecto de análise na secção seguinte.

1.2. A intervenção do Estado e as parcerias com o sector privado

Como foi anteriormente abordado, o Estado está a alterar o seu modelo de intervenção na economia, procurando novos modelos de actuação enquanto se centra nas suas funções *core,* de redistribuição, estabilização macroeconómica e regulação dos mercados. As PPP são um novo modelo organizacional através do qual o Estado transfere para o sector privado, ou em associação com este, a produção e provisão directa de determinados bens e serviços públicos.

Nesta secção, far-se-á uma caracterização genérica e terminológica das PPP e uma breve discussão às opções alternativas – investimento público e privatização.

---

[11] Além destas medidas os governos, nos anos oitenta, actuaram na redução da dimensão do sector público através de privatizações de empresas públicas (Larbi, 1999; Bovaird, 2004; OCDE 2005).

1.2.1. As Parcerias Público-Privadas: Características Básicas

As PPP constituem-se como um novo e alternativo modelo de organização, através do qual os governos em parceria com o sector privado garantem a provisão de bens e serviços públicos aos cidadãos. Esta forma de organização constitui um modelo híbrido, público e privado, onde é constituída uma parceria com objectivos comuns entre parceiros, e que actua em sectores específicos tradicionalmente dominados pelo Estado e cujas características não captam o interesse do sector privado, em desenvolver isoladamente essas mesmas actividades.

Premchand (2000) considera que a nova ênfase nas PPP tem origem em quatro factores. Primeiro, o facto dos governos procurarem ser mais responsáveis perante os cidadãos e mais eficientes na afectação de recursos, leva-os a centrar-se nas actividades redistribuição e estabilização, deixando para o sector privado (lucrativo e não lucrativo) a produção e provisão de bens e serviços. Segundo, existem bens e serviços cuja provisão não pode ser totalmente deixada às forças de mercado ou do Estado, sendo necessário e vital na sociedade moderna a participação de outras organizações (associações voluntárias, movimentos sociais, e outras) na sua provisão. Terceiro, os persistentes défices orçamentais associados à insuficiente capacidade de financiamento de infra-estruturas e equipamentos públicos, por um lado, e a necessidade crescente de realizar a sua provisão em resposta ao aumento da sua procura, por outro, contribui para a busca de parcerias de financiamento, construção e exploração, com o sector privado. Por último, é sugerido que as PPP são necessárias para criar um novo tipo de colaboração entre consumidores e fornecedores de forma a melhorar a qualidade dos bens e serviços fornecidos, enquanto se alcança uma redução de custos.

Para Fourie e Burger (2000), o conceito de PPP é essencial para a obtenção da necessária eficácia na distribuição de bens e serviços, desde que a mesma seja efectuada com desejável eficiência, o que para determinados bens e serviços não é assegurado nem pelo sector público nem pelo sector privado isoladamente. A importância das PPP como mecanismo de financiamento é destacado por Savas (2000:258) ao defender que "oferecem uma solução aos governos que têm necessidade de obter fundos para o financiamento de infra-estruturas, necessárias à satisfação das necessidades das pessoas e de promoção do desenvolvimento económico".

As PPP são um conceito originado em 1992 no Reino Unido, cuja aplicação foi iniciada em projectos de investimento na construção de grandes infra-estruturas públicas básicas como; vias rodoviárias, sistemas de água, de resíduos sólidos, energia, etc. O Reino Unido a par da Austrália, Canadá, Nova Zelândia e USA são hoje os maiores utilizadores de PPP dos países membros da OCDE tendo-se, no entanto, expandido a muitos outros países da OCDE e a outros países em vias de desenvolvimento.

O conceito de PPP não é único nem universal, sendo muitas vezes assumido como qualquer forma de relacionamento entre o governo (sector público) e o sector privado. A este nível relacional, as PPP situam-se ao nível da provisão privada vs contrato público[12] (Fourie e Burger, 2000).

Gerrard (2001) define uma PPP como um contrato de longo prazo (25/30 anos), com elevada especificação, entre o sector público (cliente) e sector privado (contratado) através do qual os serviços públicos são fornecidos aos cidadãos pelo segundo. Combinando a utilização do capital e a experiência do sector privado e por vezes activos do sector público, tem-se como objectivo melhorar e tornar mais eficiente a prestação de serviços públicos e/ou a gestão das infra-estruturas públicas, envolvendo o sector privado na sua gestão, tendo o sector público um papel de definir a amplitude contratual. Os pagamentos realizados pelo sector público ao sector privado são efectuados apenas e quando os níveis de resultados pré-estabelecidos são alcançados e mantidos ano após ano. Neste caso, a natureza dos bens e serviços permanecem sempre como serviço público. Kolzow (1994) define PPP como um acordo onde os sectores públicos e privado partilham um compromisso na persecução de um objectivo comum, o qual é determinado por ambos os sectores, enquanto para Fourie e Burger (2000), uma PPP constituí um acordo de parceria institucional e contratual entre o governo e um operador do sector privado, para fornecer um bem ou serviço de interesse geral, com elementos característicos próprios de uma verdadeira relação de parceria e com a existência de transferência de risco para o operador privado. Já para Bovaird (2004), as PPP significam um acordo de trabalho baseado no mútuo compromisso (o qual está implícito em qualquer contrato) entre uma organização do sector público e qualquer organização fora desse sector. Para Grout (2005),

---

[12] Esta mesma classificação relacional é atribuída pelo Tratado da União Europeia.

uma PPP envolve, habitualmente, "a assunção por parte do sector privado de projectos de investimento que eram tradicionalmente executados, (ou pelo menos financiados) e de propriedade do sector público".

No Livro Verde sobre as parcerias público-privadas, apresentado pela Comissão Europeia, o conceito é identificado como "formas de cooperação entre as autoridades públicas e as empresas privadas, tendo por objectivo assegurar o financiamento, a construção, a renovação, a gestão ou manutenção de uma infra-estrutura ou a prestação de um serviço" (CCE, 2004a:3).

A OCDE (2005) define as PPP como sendo um acordo através do qual o sector privado se responsabiliza pela concepção, construção, financiamento e gestão de activos de infra-estruturas tradicionalmente da responsabilidade do sector público. A PPP traz uma única entidade que assume a responsabilidade quer pelo activo de infra-estrutura pública quer pelos serviços conexos durante todo o período da sua vida, geralmente 20 a 30 anos.

Das diversas definições enunciadas resulta a existência dum conjunto de elementos comuns ao conceito de PPP que se podem resumir no seguinte:

- é um acordo contratual, detalhado e de longo prazo, entre sector público (governo) e sector privado, mediante o qual se opera uma transferência de risco da primeira para a segunda entidade;
- os governos, na procura de encontrar soluções para as necessidades de infra-estruturas e fornecimento de serviços públicos, fazem uso da experiência e do capital do sector privado;
- o sector público (governo) mantém a responsabilidade por assegurar a provisão dos bens e serviços aos cidadãos;
- centralização numa única entidade privada de todo o processo contratual (desde a contratualizado propriamente dita à realização e prestação de um pacote de bens e serviços, durante todo o período contratual);
- pré-definição e especificação dos níveis dos padrões exigidos nos bens e serviços públicos a fornecer aos cidadãos;
- pagamentos ao sector privado, com base na produção realizada após a avaliação dos requisitos e padrões inicialmente estabelecidos;
- o principal comprador dos bens e serviços é o governo.

Contudo, e segundo Turrini (2004), para que uma relação entre o sector público e sector privado requeira a qualificação de uma PPP é necessário que sejam observados em simultâneo quatro elementos. Primeiro, o projecto da PPP deve centrar-se na construção ou em operações de activos físicos infraestruturais em áreas caracterizadas por uma forte presença pública (caso, por exemplo, dos transportes, desenvolvimento urbano, energia e segurança) e envolver o sector público (governo) como principal comprador. No entanto, podem também ser encontrados exemplos de PPP na provisão de bens e serviços nas áreas da defesa, saúde, educação, e serviços culturais, na construção e gestão de serviços prisionais ou na área de gestão de sistemas de água e resíduos. O segundo elemento é a necessidade de envolver uma organização fora do governo como o principal operador, i.e. o agente que assume a realização do projecto de PPP. Em terceiro, a principal fonte de financiamento do projecto não deverá vir do sector público (impostos ou endividamento público), mas de outras fontes, como capital e empréstimos privados. Por fim, o quarto elemento diz respeito à existência de transferência de risco, em que o parceiro público transfere para o parceiro privado um conjunto de factores de risco, como sejam: risco de concepção e construção das infra-estruturas e/ou serviços, definição de opções tecnológicas, processos de gestão e financiamento.

Através do modelo de PPP, o papel do governo reside em identificar e planear as necessidades públicas, decidindo que o fornecimento de bens e serviços será efectuado por entidades privadas mantendo, no entanto, a responsabilidade por garantir a provisão, pagando por ela, estabelecendo e assumindo a monitorização dos níveis de desempenho e alcance dos *standards* previamente definidos (Savas, 2000).

Apesar da diversidade de modelos de PPP, aquele que aglutina todos os elementos caracterizadores, anteriormente referidos, é o que assume a forma da concepção, construção, financiamento e gestão, genericamente conhecida pela sigla inglesa DBFO *(Design Build Finance and Operate)*. Neste modelo de parceria, o governo define e especifica os activos e/ou serviços que pretende e o parceiro privado concebe, constrói o activo específico para o fim pretendido de serviço e/ou bem, financia a sua construção, sendo que, subsequentemente, também o gere no sentido de assegurar a respectiva produção e disponibilização dos bens e/ou serviços.

O quadro seguinte mostra os principais modelos de PPP. Em todos estes modelos existe a realização de investimento e provisão de bens e serviços (associados à infra-estrutura) por parte do sector privado.

As Parcerias Públicas-Privadas: Fundamentos Teóricos... 35

QUADRO 1.1 – Principais Modelos de PPP

MODELOS	DESCRIÇÃO
Construção, compra e gestão (BOO – Build, Own and Operate) Aquisição, modernização e gestão (BDO – Build, Develop and Operate)	O sector privado concebe, constrói, adquire, moderniza, financia e gere o activo e/ou serviços sem a obrigação de transferir a propriedade para o Estado.
Aquisição, construção e gestão (BBO – Build, Bay and Operate) Locação, renovação e gestão (LDO – Lease, Develop and Operate)	O sector privado adquire ao Estado um activo já existente, renova-o ou expande-o, moderniza-o, gere-o sem a obrigação de transferir de novo a propriedade para o Estado; ou o mesmo é efectuado sob um contrato de Leasing permanecendo o bem propriedade pública.
Construção, gestão e transferência de propriedade (BOT- Build, Own and Transfer) Construção, aquisição, gestão e transferência propriedade (BOOT- Build, Own, Operate and Transfer) Construção, transferência propriedade e gestão (BTO – Build, Transfer and Operate)	Nestes casos, o sector privado concebe e constrói um activo, gere e depois transfere-o para o Estado, quando o contrato termina ou numa determinada data do contrato. Posteriormente, o parceiro privado pode voltar a adquirir o bem ao Estado.

Fonte: Adaptado de IMF (2004:8, Box 1) e Savas (2000:241)

1.2.2. *Breve discussão das alternativas às PPP: Investimento Público e Privatização*

As PPP constituem uma solução a que os governos podem recorrer para afectar os recursos da economia, combinando os recursos dos sectores público e privado, mas outras existem como a privatização, através da qual os recursos de domínio público são transferidos para o sector privado. Em sentido contrário, podem os governos desejar manter a presença directa do Estado na economia, procurando alcançar desta forma os seus objectivos e funções, nomeadamente através da realização de investimentos públicos.

a) Investimento Público

O investimento público é o veículo através do qual os governos alcançam um mais vasto conjunto de objectivos de intervenção, desde

36   *Fundamentos e Modelos nas Parcerias Público-Privadas...*

a criação de infra-estruturas económicas e sociais, até à produção e provisão bens e serviços públicos, passando pela promoção do crescimento económico.

Duas razões principais são apresentadas em defesa do investimento público: a afectação de recursos e a promoção de crescimento económico. Através do investimento, o governo realiza a afectação económica e social de recursos, criando as condições para o desenvolvimento da actividade económica e disponibilizando bens e serviços para a satisfação do interesse geral, através da produção e provisão directa de bens e serviços públicos (Atkinson e Noord, 2001; Pereira *et al.*, 2005; Turrini, 2004). Desta forma, promove o bem estar social fazendo chegar a um conjunto de pessoas e locais periféricos bens e serviços que de outra forma seria difícil, pelo facto do sistema de mercado (sector privado) por si só não manifestar interesse em disponibilizá-los ou fá-lo em quantidades insuficientes, em virtude da natureza destes próprios bens e serviços e cuja caracterização será abordada na secção 1.3.1.3.

O investimento público também é utilizado pelos governos na sua função estabilização económica, sendo aumentado em ciclos de baixo crescimento económico e assim promovendo a redução do desemprego e reduzido em períodos de maior crescimento económico[13]. É através de programas de investimento, essencialmente pela realização de obras públicas e consequente criação de emprego, que os governos actuam no estímulo da economia para que através dos efeitos multiplicativos que o investimento gera em toda a actividade económica seja promovido o seu crescimento e produtividade. Griffiths e Wall (1997) consideram que, o volume de investimento não é o único factor que contribui para o crescimento económico, aquele, sendo necessário não é suficiente, dependendo da afectação eficiente com que cada investimento é realizado. Ao nível da eficiência técnica[14] dos investimentos públicos parece haver conclusões de que a mesma tem sido difícil alcançar. Apesar dos governos terem vindo a dar uma crescente atenção à utilização mais eficiente dos investimentos, existem diversos obstáculos que dificultam alcançar elevados níveis de eficiência operacional na sua execução, com destaque para as

---

[13] Este comportamento dos governos quanto às políticas de investimento são designadas por Griffiths e Wall (1997) de *"stop-and-go"*.

[14] Termo definido na secção 1.3.1.1

complexas estruturas burocráticas, bem como as rígidas praticas de gestão pública que originam reduzida flexibilidade na obtenção de melhores níveis de desempenho no custo-benefício ou na utilização de nova tecnologia, assim como na qualidade com que é realizado e mantido durante o seu ciclo de vida (EIB, 2004; Atkinson e Noord, 2001; Pereira *et al.*, 2005).

Outros autores referem que, a composição do investimento público (integrando não só activos fixos mas também activos intangíveis como despesas de investigação e desenvolvimento) é também um factor determinante no desenvolvimento económico (Turrini, 2004). No entanto, a avaliação do impacto no crescimento económico promovido pelo investimento público não é consensual, na medida em que existem muitos estudos empíricos realizados que não são conclusivos (Pereira *et al.*, 2005; Turrini, 2004).

O recurso ao investimento público por parte dos governos coloca--lhes, no entanto, outro tipo de problemas. Sendo o investimento público financiado, na sua quase totalidade, pelo orçamento de Estado via cobrança de impostos e ainda pela contracção de empréstimos geradores de dívida pública, o recurso a estas fontes de financiamento encontram-se limitadas. Estas decorrem da existência de elevados níveis de endividamento acumulado, de elevados défices orçamentais e elevadas cargas fiscais fixadas sobre os cidadãos e agentes económicos. Acrescidos a estas limitações, no espaço da União Europeia, os governos dos países que integram a moeda única possuem uma liberdade de recurso, a estas fontes de financiamento, ainda mais restrita. Os critérios de adesão à moeda única requereu destes países, a implementação de um processo de consolidação orçamental e o cumprimento de disciplina fiscal das finanças públicas, impondo limites que tiveram e ainda têm de respeitar ao nível da dívida pública e défices orçamentais, sendo pressionados, inclusive, para a sua redução. Estes constrangimentos diminuem a flexibilidade e condições, dos governos, na obtenção de fontes de financiamento.

Existem, ainda, referências ao efeito perturbador que o investimento público tem na economia, nomeadamente, pela geração de consequências macroeconómicas negativas. Através da mobilização de recursos disponíveis na economia para financiamento do investimento público, aumenta a pressão sobre os mercados privados, influenciando-os com consequências no aumento das taxas de juro e de impostos extra (Griffiths e Wall, 1997; Atkinson e Noord, 2001; Samuelson e Nordhaus, 1993).

b) Privatização

O processo de privatização iniciou-se na primeira metade dos anos 80 num conjunto de países desenvolvidos da OCDE, em que os governos procuram reduzir o peso e papel do Estado na economia, através da transferência para o sector privado de funções e actividades económicas que vinham exercendo de forma directa, como um meio de resolver ou aliviar os problemas dos baixos índices de eficiência pública e da pressão orçamental que enfrentavam. A implementação do processo de privatização é muitas vezes alavancada por programas de ajustamento estrutural promovidos pelo Banco Mundial e Fundo Monetário Internacional, através do aumento da eficiência e eficácia na afectação dos recursos e prestação de serviços (Bovaird, 2004; Larbi, 1999; OCDE, 2005; Martin e Parker, 1997).

As privatizações significaram a transferência do sector público para o sector privado, pelo processo de venda de activos públicos ou parte de activos e de serviços afectos a actividades económicas, nomeadamente de empresas comerciais e industriais, passando a estar sujeitas e geridas de acordo com as regras de mercado. Assim, ocorre uma transferência de propriedade por completo e de forma permanente para o sector privado, saindo da esfera de intervenção directa do sector público (Griffiths e Wall, 1997).

Gerrard (2001:1) define a privatização como um processo pelo qual um negócio ou actividade que inicialmente era de propriedade do sector público passa para o domínio do sector privado, passando a operar em mercados altamente competitivos ou sendo monopólio, quando transferida para o sector privado encontra-se sujeita regulação específica. O mesmo autor acrescenta que "em ambas as situações o sector Estado é afastado do negócio". Ora, este facto nem sempre se verifica, pois existem situações em que o processo de privatização encetado pelo governo é parcial, isto é, o Estado reduz a sua participação no capital social de uma empresa, sendo o restante (capital social) transferido para o mercado e desta forma mantém a sua presença na actividade (OCDE, 2002).

Ao iniciarem as privatizações, os governos começam por vender as empresas que actuam em sectores competitivos, começando na indústria transformadora e serviços financeiros, seguindo depois para a venda de activos situados em sectores da actividade económica menos competitivos e de alguns activos infraestruturais, telecomunicações, electricidade, água,

As Parcerias Públicas-Privadas: Fundamentos Teóricos... 39

transportes. Mantêm sob seu controlo as actividades que apresentam obstáculos à sua privatização, motivados quer pela existência de falhas de mercado na sua produção e provisão, quer por se situarem em sectores não competitivos e constituírem, simultaneamente, infra-estruturas sociais que apresentam processos de reestruturação mais complexos e requerem o estabelecimento de um quadro regulatório próprio das suas actividades (IMF, 2004; OCDE, 2002).

Com as privatizações, os governos procuram alcançar três objectivos principais[15]:

- Objectivos fiscais: as dificuldades orçamentais geram pressões para que, estes reduzam os défices orçamentais, a dívida pública e efectuem cortes na despesa das actividades não essenciais, como nas empresas estatais vistas como organismos geradores de prejuí-zos e endividamento. Com estas limitações financeiras, os gover-nos confrontam-se com dificuldades na obtenção de meios finan-ceiros para a realização de novos investimentos e manutenção dos existentes. No contexto europeu, este objectivo é particularmente importante para os países que entram no processo de adesão à moeda única, uma vez que é necessário cumprir os critérios de Maastricht – défice e dívida pública.
- Objectivos de eficiência: A necessidade de promover eficiência eco-nómica e crescimento são factores chave que conduzem às privati-zações. Estas são vistas como um veículo para a reestruturação da actividade económica do Estado, tornando-o mais eficiente, através da substituição de monopólios pela competição de mercado e pelo aumento de eficiência e desempenho empresarial. Os indicadores de fraco desempenho do Estado na actividade económica, com índices de baixa produtividade, fraca qualidade dos bens e serviços pro-duzidos e deficiências na capacidade de gestão são considerados insustentáveis, sendo que através da mudança de propriedade (priva-tização) são melhorados pela exposição às forças de mercado.
- Objectivos políticos: nomeadamente nos países em transição, o processo de privatização é uma forma de realizar os objectivos

---

[15] Para uma análise mais detalhada ver, por exemplo, Griffiths e Wall (1997); OCDE (2002, 2003a, 2004); Martin e Parker, (1997) e Savas (2000).

40   *Fundamentos e Modelos nas Parcerias Público-Privadas...*

políticos e económicos envolvidos na mudança de uma economia estatal centralizada e planeada para uma economia de mercado. Através delas é emitido um sinal das intenções de saída do sistema de economia planeada e centralizada, significando também um sinal das novas fronteiras e limites de intervenção estatal na economia.

No quadro seguinte efectua-se uma síntese conceptual comparativa entre o Investimento Público, PPP e Privatizações que evidenciam as características distintivas entre os três modelos disponíveis a que os governos podem recorrer para que o Estado desempenhe algumas das suas funções.

QUADRO 1.2 – **Síntese Comparativa entre Investimento Público,**
PPP e Privatização

Elementos Caracterizadores	Investimento Público	Parcerias Público Privadas	Privatizações
Regime de Propriedade das infra-estruturas/activos	Do Estado: Propriedade pública.	Privado: em regime contratual, podendo ser transferido para o Estado.	Privado: Direito privado.
Financiamento	Público, através de receitas fiscais e de empréstimos públicos.	Totalmente privado (podendo, no entanto, assumir a forma mista i.e. privado e público).	Totalmente privado.
Papel do Estado	Presença como produtor e distribuidor directo de bens e serviços.	Presença indirecta como regulador e auditor dos contratos.	Presença indirecta através de entidade reguladora do mercado.
Objectivo	Afectação directa dos recursos públicos de forma equitativa e de livre acesso, promovendo o crescimento económico e bem-estar social.	Captação de capitais e experiência de gestão do sector privado para conjuntamente com o governo assegurar uma mais eficiente afectação dos recursos disponíveis.	Transferir para o sector privado um conjunto de activos e serviços de forma a alcançar uma melhoria na afectação de recursos da economia.
Tipo de bens	Públicos puros e semi-públicos.	Semi-públicos.	Transacionáveis no mercado.
Impacto fiscal	Aumento carga fiscal e/ou de dívida pública.	Estabilização ou alívio da carga fiscal e dívida pública e défice orçamental.	Aumento da receita fiscal, redução da dívida pública e défices orçamentais.

Fonte: Elaborado pelo autor.

1.3. A fundamentação económica das parcerias público-privadas

Nesta secção será efectuada uma discussão sobre a fundamentação micro e macroeconómica das PPP.

Iniciar-se-á (subsecção 1.3.1) com uma discussão no âmbito microeconómico, apontando os argumentos em favor dos objectivos na obtenção de potenciais ganhos de eficiência, eficácia e qualidade, procurando referir as fontes de ineficiência no sector público e os ganhos que as PPP podem originar. Será abordado, ainda, quer o efeito da natureza dos bens e serviços nas PPP, quer o efeito da transferência de risco.

Conclui-se (subsecção 1.3.2) com uma análise macroeconómica onde serão abordados os efeitos das PPP na consolidação orçamental no quadro da UEM e as regras do Eurostat no tratamento contabilístico das mesmas.

1.3.1. *Abordagem microeconómica*

1.3.1.1. *Os objectivos de eficiência, eficácia e de qualidade*

No plano teórico, o recurso às PPP tem como argumento principal, segundo Fourie e Burger (2000), o aumento da eficiência na utilização dos recursos no fornecimento de bens e serviços.

O termo eficiência comporta duas definições: eficiência técnica ou produtiva e eficiência de afectação de recursos. A primeira corresponde, de acordo com Martin e Parker (1997:47), ao método de produção que minimiza os custos, podendo ser dividida segundo a sua natureza: estática ou dinâmica. A estática corresponde à produção mais eficiente de bens e serviços (já existentes) usando os processos produtivos existentes, enquanto a dinâmica refere-se ao aumento de resultados através da melhoria de produtos e processos ao longo do tempo. Conclui-se, assim, que a eficiência produtiva prende-se com a combinação óptima de factores no interior das organizações. Ainda, segundo Martin e Parker (1997:47), a eficiência de afectação de recursos, exigindo uma eficiência estática, centra-se na afectação equilibrada dos recursos disponíveis na economia a determinadas sectores de actividade, de forma a aumentar o bem-estar social.

42 *Fundamentos e Modelos nas Parcerias Público-Privadas...*

De acordo com Herber (1979;16), uma eficiente afectação de recursos "requer não só uma solução óptima na combinação de recursos mas também a selecção de técnicas específicas de afectação". Assim, o recurso às PPP será vantajosa como mecanismo de provisão pública[16] e produção privada de bens e serviços de natureza pública, se o seu efeito ou acção sobre os dois tipos de eficiência for globalmente positivo, isto é, se verificar uma melhoria de eficiência em sentido global.

Admite-se assim que, a competição no mercado, associada a certos modelos organizacionais de comportamento burocrático e de técnicas de gestão, aumenta a eficiência e eficácia, bem como a qualidade no fornecimento de bens e prestação de serviços públicos, comparativamente à realizada pelo sector público que é assumida como menos eficiente (Fourie e Burger, 2000).

Num "mercado" de bens e serviços públicos, dominado e organizado pelo Estado, o elemento competição ou não existe ou existe em reduzida dimensão. A produção e provisão de determinados bens ou serviços que pelas suas características (não rivalidade no consumo e dificuldade ou impossibilidade de exclusão) não se encontram disponíveis no mercado competitivo ou a sua disponibilidade é efectuada em quantidades insuficientes – apesar de essenciais ao bem estar social – são efectuadas única ou predominantemente pelos organismos públicos. Acresce que a esta intervenção, o Estado também intervém quer para corrigir determinadas distorções (externalidades) associadas ao consumo ou à produção de determinados bens e serviços quer para assegurar o acesso a bens ou serviços de natureza privada e de interesse público, mas para os quais é possível a exclusão pelo preço. A caracterização dos bens e serviços públicos será abordada na secção 1.3.1.3.

Assim, não tendo os organismos públicos restrições que os façam adquirir um comportamento concorrencial na produção e fornecimento dos bens e serviços públicos, de modo a fazerem uso mais racional dos recursos, é usual considerar que aqueles são menos eficientes que os agentes privados. Argumento apresentado, por exemplo, por Stiglitz (1988:177) ao defender que a redução do papel do Estado como produtor de bens e serviços observada a nível internacional "é em parte motivada

---

[16] A expressão provisão pública, aqui mencionada, refere-se ao financiamento através do Orçamento de Estado.

por uma crescente e generalizada percepção de que o Estado é um produtor ineficiente".

Neste sentido é afirmado por alguns autores que a natureza dos bens não deve ser justificada, por parte do Estado, como motivo para que este assegure a sua produção e fornecimento. Pereira *et al*., (2005:51) consideram que "as características dos bens [...] não têm necessariamente a ver com as formas de produção dos bens ou serviços e respectivas formas de fornecimento", enquanto Mata (2000:571) defende que não tem de ser o Estado a "assegurar em unidades por ele geridas a produção do bem em causa. É possível que a produção seja entregue contratualmente a uma entidade privada, que seja paga para produzir o bem em causa e disponibilizá-lo ao público". Também para Stiglitz (1988:181), "o governo ao financiar os bens públicos, não necessita de os produzir". Consta-se, desta forma que o processo produtivo e de fornecimento de determinados bens e serviços públicos ou classificados como tal, poderá ser deixado ao sector privado, separando-se as responsabilidades de produção e de provisão.

Neste sentido, a razão porque se afirma no plano teórico que as PPP conduzem a um aumento da eficiência económica reside na sua natureza público-privada. Isto é, por um lado incorpora mecanismos intrínsecos do mercado concorrencial condutores de eficiência, como sejam: a propriedade temporária ou definitiva de activos e infra-estruturas com os quais desenvolve determinada actividade; a optimização da combinação de recursos e minimização dos seus custos; os mecanismos de incentivos aos gestores; a presença de risco e a maximização do lucro. Por outro lado, incorpora o elemento que corrige falhas de mercado e garante o bem-estar social, a presença do Estado. Este, assegura e mantém a responsabilidade pelo financiamento dos bens e serviços, a disponibilização e acesso universal, sem o aumento do seu custo e com o papel de controlador e regulador contratual directo, definindo o que produzir, quanto e o preço que paga. A presença destes elementos nas PPP permite classificá-las ou designá-las, na literatura anglo-saxónica, como mecanismos tipo mercado ou *quasi-market*.

Fourie e Burger (2000) argumentam que, a introdução das PPPs, vistas do lado da racionalidade económica, incorporam um conjunto de benefícios inerentes ao comportamento e actuação no mercado concorrencial. Desta forma, o parceiro privado possui a discricionariedade suficiente para identificar a maneira mais rentável de fornecer esses bens e serviços.

44   *Fundamentos e Modelos nas Parcerias Público-Privadas...*

A presença do Estado nas PPP parece garantir que a eficácia[17] dos seus objectivos, promoção e melhoria do bem-estar social são alcançados. Fourie e Burger (2000:9) consideram que as possibilidades dadas pela utilização do mecanismo das PPP "através da melhoria na eficiente afectação de recursos e sua gestão, permite aos governos promover um maior crescimento económico". No entanto, alertam para o facto de que "nem em todos os casos se consegue que ambas, eficácia e eficiência, sejam maximizadas simultaneamente. A sua interligação pode ser complexa e os *trade-offs* devem ser considerados" (pag. 6).

A procura de ganhos de eficiência não deverá colidir ou relegar para um segundo plano a qualidade e segurança dos bens e serviços produzidos ou prestados, pois a qualidade destes tem um grande impacto no bem-estar social, sendo um princípio do serviço público. A eficiência económica deve ser procurada desde que sejam melhorados e assegurados os níveis de qualidade dos bens e serviços públicos, como afirma Premchand (2000:118), de acordo com a definição de eficiência estática e dinâmica já descrita. A qualidade deve ser assegurada indo de encontro às necessidades do público utilizador. Nas PPP, o parceiro público deve especificar standards mínimos de segurança e qualidade a que os bens e serviços devem obedecer, garantindo, pelas suas actividades de monitorização e controlo, que os mesmos são alcançados. Desta forma, pressupõe-se que os bens e serviços públicos sejam mensuráveis. Griffiths e Wall (1997:288) acrescentam que, as " Falhas de mercado no que se refere a esta condição podem, por exemplo, permitir que os fornecedores reduzam os seus custos através da redução da qualidade dos serviços sem que os compradores tenham consciência desse facto".

Como Samuelson e Nordhaus (1993:27) referem a "...eficiência significa ausência de desperdícios, os recursos da economia são utilizados tão bem quanto possível para satisfazer as necessidades e desejos dos indivíduos", pelo que se pode concluir que o indicador qualidade é uma medida de eficiência.

---

[17] Por eficácia entende-se a amplitude ou extensão em que os resultados ou metas são alcançados, independentemente da forma mais ou menos eficiente (Fourie e Burger, 2000; Martin e Parker, 1997).

1.3.1.2. Fontes de ineficiência do sector público e ganhos associados às PPP

Tal como se referiu anteriormente, o Estado procura, através do exercício da sua função afectação de recursos, corrigir as falhas do mercado promovendo a afectação eficiente de recursos, de forma a proporcionar uma melhoria do nível de bem-estar social. Mas, da intervenção dos governos na actividade económica surgem também dificuldades que se traduzem em falhas de governo ou "fracassos do governo", elas próprias causadoras de ineficiência (Pereira *et al.*, 2005).

Para Hyman (1996:137), a existência de eficiência na produção de bens públicos exige que a afectação de recursos seja realizada, até ao ponto em que o benefício marginal social iguale o custo marginal social. Para alcançar este ponto de eficiência ou óptimo social seria necessário que o governo determinasse a quantidade a produzir de cada bem ou serviço, de acordo com as disponibilidades marginais a pagar de cada consumidor/cidadão. Porém, a determinação da produção óptima enfrenta o bem conhecido problema da não revelação de preferências.

Após determinar a quantidade óptima, o governo teria de enfrentar um outro elemento relevante, a resposta que o aparelho de Estado dá para satisfazer a quantidade requerida, Barbosa (1997).

Afastado o problema ou as dificuldades de estimação e o mecanismo pelo qual a determinação das quantidades colectivas é realizada, importa então verificar como o aparelho público satisfaz a afectação dos meios para responder à escolha pública realizada. A ideia dominante entre vários autores é de que essa resposta parece ser realizada de forma ineficiente. Stiglitz (1988:195-7) afirma existir "uma larga evidência que a burocracia pública é menos eficiente que as empresas privadas". Por sua vez, Frank (1999:639) admite que "as falhas do governo normalmente rejeitam o padrão do mercado livre a favor do racionamento, filas e outros métodos, de distribuição mais complicados" concluindo que "nesta resposta as soluções ineficientes tornam o bolo económico menor para todos, tanto para ricos como para pobres".

A ineficiência do sector público pode ter origem em três fontes: estrutura organizacional; incentivos individuais e burocracia (Stiglitz, 1988:198-210). No primeiro caso, a fonte geradora de ineficiência é a ausência de competição e do risco de falência; quando os cidadãos não têm alternativa ao consumo de bens e serviços públicos ou quando a têm, estes últimos, são fornecidos pelo Estado com acesso universal e tendencialmente gratuitos tornando-se difícil induzir os decisores públicos a actuar de forma eficiente. Assim, a ausência de concorrência é um limite à eficiência associada ao Estado e por outro lado, no sector público, o risco de falência é nulo. O receio de falência é um elemento importante porque limita a dimensão das perdas que uma gestão pode gerar, sendo este um mecanismo natural para a substituição de equipas de gestão ineficientes.

Quanto aos incentivos individuais, subdividem-se em dois tipos: restrições salariais e segurança no emprego. As restrições salariais, podem constituir uma limitação à eficiência sempre que as remunerações dos decisores e gestores públicos sejam rígidas e fixadas administrativamente, não existindo prémios ou "punições", afectando a qualidade dos indivíduos com sucesso e dos esforços que realizam, sendo independentes dos resultados, bons ou maus, que alcançam. Já a segurança no emprego, constitui também uma limitação pela dificuldade de despedimento que existe no sector público, não estimulando alterações de comportamento.

Por último, a burocracia, para a qual contribuem as limitações por mau desempenho. Existe a imagem pública de que a burocracia pública conduz à ineficiência, não promove a inovação, é inflexível e centra-se nas rotinas administrativas. Para estas características contribuem factores diversos, tais como: a dificuldade de quantificação do desempenho; a existência de múltiplos objectivos; a aversão ao risco e aumento da dimensão dos ministérios e das agências. Dentro desta última, defende-se que os burocratas protegem o seu próprio interesse, procurando reforçar o seu poder, reputação pública e protecção, promovendo, desta forma, o crescimento dos ministérios e agências governamentais. Para Fourie e Burger (2000), este comportamento é causador de ineficiência porque existe uma deficiente gestão de recursos (com duplicação de estruturas, meios e pessoal) geradora inclusive de sobreprodução de bens e serviços.

Em alternativa, é defendido que o mecanismo PPP produz respostas mais eficientes às determinações do Estado na produção e fornecimento de bens e serviços públicos, porque o envolvimento do sector privado introduz um conjunto de benefícios oriundos dos seus conhecimentos e incentivos de gestão. Para (Fourie e Burger, 2000:10), a promoção da eficiência associada às PPP fundamenta-se na "existência de disciplina na forma de competição de mercado (risco) e a presença de suficientes incentivos ao desempenho".

Griffiths e Wall (1997) referem que a introdução dos mecanismos de mercado aumenta a concorrência entre produtores pela angariação e

As Parcerias Públicas-Privadas: Fundamentos Teóricos...   47

manutenção de contratos, tendo assim que ser eficientes, ou seja, a existência de risco pela possibilidade de perda de contrato e/ou de sofrer penalidades contratuais pelo seu incumprimento conduz a um comportamento eficiente. Por outro lado, os produtores encontrando-se aptos a custear as suas actividades e o comprador a monitorizar o custo e preço dos serviços, e tendo ambos orçamentos limitados, têm incentivos para promover a eficiência. Aqui, encontra-se subjacente a possibilidade de medição do desempenho proporcionado pelo mecanismo das PPP. Consideram ainda que a descentralização da responsabilização proporciona mais liberdade na produção e execução de serviços, liberdade na decisão de combinação do *mix* de produtos e serviços, ao preço acordado, e novas oportunidades de retenção de lucros, isto é, reside aqui a possibilidade do comprador avaliar a eficiência técnica de cada produtor. Também Fourie e Burger (2000:9) corroboram desta vantagem associada às PPP quando referem que "mais flexibilidade, melhor gestão, [...] melhor fornecimento de serviços pelo mesmo preço [...] dando ao parceiro privado a descrição e espaço para identificar e instituir formas óptimas e economicamente viáveis de fornecimento desses serviços".

Segundo Larbi (1999), a introdução de mecanismos tipo mercado, traduzindo-se na separação entre prestador (sector privado, lucrativo e não lucrativo) e financiador (Estado), veio exigir especificações claras dos bens e serviços a serem fornecidos, bem como a definição de regras/ /medidas de avaliação dos mesmos.

Fourie e Burger (2000:10) parecem reforçar estas vantagens ao afirmarem que "os benefícios políticos e económicos advêm da redução [...] da interferência dos políticos (especialmente nos períodos eleitorais) e do abuso de poder, encapotado na defesa de interesses políticos".

1.3.1.3. *A natureza dos bens e serviços e o seu efeito nas PPP*

a) Natureza dos bens e serviços

No campo da teoria económica, os bens classificam-se em bens públicos e bens privados. Os bens públicos exibem duas características principais: a não rivalidade no consumo e impossibilidade ou dificuldade de exclusão pelo preço. Na definição de não exclusão, assume-se que é impossível excluir alguém do seu consumo ou a exclusão é extremamente onerosa, i.e. um bem uma vez disponibilizado é fisicamente impossível ou apresenta custos proibitivos de afastar as pessoas do seu consumo. No entanto, esta característica, a exclusão, é influenciada pelas alterações tecnológicas que ocorrem ao longo do tempo, tornando o que inicialmente era excluivél em não excluivél. A não rivalidade é definida quando os consumidores podem consumir as mesmas quantidades i.e. o consumo por parte de uma pessoa não afecta a quantidade disponível para os outros. Os bens públicos que apresentam as duas características em simultâneo são classificados como bens públicos puros[18]. Já os bens privados caracterizam-se por apresentarem rivalidade no consumo e ocorrer com facilidade a exclusão.

Entre estes dois limites existe um conjunto de bens nos quais se verificam situações mistas, verificando-se rivalidade no consumo, caindo esses bens na esfera de bens privados, encontram-se aqui os designados bens mistos e bens de mérito. Os bens mistos são bens que apresentam características de bens privados capacidade de exclusão e de bens públicos puros não rivalidade no consumo. É o caso dos bens que geram efeitos externos (positivos ou negativos) para a sociedade aquando da sua produção ou consumo. Como forma dos produtores e consumidores internalizarem esses efeitos, o Estado intervém subsidiando ou fixando impostos ou ainda disponibilizando, ele próprio, os bens de forma gratuita ou tendencialmente gratuita.

Existem ainda bens privados que face à importância que lhes é atribuída pela sociedade conduzem a que o Estado intervenha na sua produção e fornecimento, por questões de interesse social, equidade e melhoria de bem estar social, aos quais não é vedado o consumo, designando-se por bens de mérito. A disponibilidade desses bens por parte do Estado, também de forma gratuita ou tendencialmente gratuita, conduz ao consumo não quantificado, na medida em que não existe possibilidade de exclusão e assim os consumidores não revelam as suas necessidades de procura sendo disponibilizados por decisão política e de forma universal[19].

Na presença de bens públicos puros não existe a possibilidade do mercado concorrencial produzir esses mesmos bens em virtude dos con-

---

[18] Musgrave e Musgrave (1976:51) consideram com base no princípio da rivalidade, que só as situações de não rivalidade/exclusão e não rivalidade/não exclusão se podem considerar bens públicos. A causa principal da falha de mercado é a presença de não rivalidade.

[19] Usualmente, quer os bens públicos puros quer os bens mistos e de mérito são designados por bens públicos porque o estado intervém na sua provisão.

As Parcerias Públicas-Privadas: Fundamentos Teóricos... 49

sumidores, não tendo restrições na sua obtenção ou acesso, não manifestarem as suas intenções de consumo, não sabendo o agente privado quanto produzir. Resultante da presença de não rivalidade no consumo e da não exclusão surge o designado problema de *free-rider* ou borlista por parte dos indivíduos, porque usufruem da disponibilidade de um bem sem que tenham de pagar para esse usufruto.

Pelas razões apresentadas, o mercado concorrencial não encontra interesse na produção de bens públicos puros, o que constitui razão para a produção por parte do Estado: a quantidade disponibilizada é única e definida pelo poder político, de acesso universal e gratuito (financiamento pelo Orçamento de Estado).

Já nos restantes bens cuja natureza é privada, mas aos quais é dada grande importância por razões de coesão e equidade social, o Estado intervém no sentido de garantir o acesso universal e tendencialmente gratuito a estes bens quer através da produção e provisão directa quer subsidiando a sua produção através do Orçamento de Estado. Pelo facto dos cidadãos terem à sua disposição bens e serviços nos domínios da saúde e educação, por exemplo, sem restrição de acesso, manifestam o mesmo comportamento que têm perante os bens públicos puros, não revelando as suas intenções de consumo, pelo que o mercado concorrencial disponibiliza-os em quantidades insuficientes ao socialmente desejado, ocorrendo a exclusão pelo preço.

b) Efeito nas PPP

Os bens com as características acima descritas, constituem uma barreira à obtenção de ganhos de eficiência através das PPP, pelo facto de não ser possível, para o parceiro privado, determinar os níveis de procura. A procura é elemento condutor de eficiência e sem ela, num mercado competitivo, os agentes privados não sabem determinar a combinação eficiente de recursos.

Na estimação de procura encontra-se associada o risco, como será abordado na secção 1.3.1.4. O risco corresponde às estimativas efectuadas coincidirem ou não com a realidade e, assim, os resultados estimados com os reais, ou seja, existe o risco de ocorrência de perdas, o qual impõe que os agentes adoptem um comportamento eficiente na gestão dos recursos disponíveis. Fourie e Burger (2000:14) consideram existir uma relação estreita entre risco e eficiência quando afirmam que "o processo de eficiência resulta do receio e do risco do lucro actual e o esperado não coincidam".

Como resultado, numa PPP que tenha por objecto a provisão dos bens e serviços públicos com as características acima apresentadas, o governo terá de determinar a quantidade a disponibilizar e transferi-la para a parceria, assumindo desta forma a totalidade ou grande parte do risco de procura, porque se assim não for, não haverá parceiro privado interessado em participar. Mas, nesta circunstância e tendo o parceiro privado certeza da quantidade procurada, o risco da procura encontra-se eliminado ou reduzido, o que também reduz em alguma medida os potenciais ganhos de eficiência, caso não exista a transferência suficiente de outros elementos de risco para o parceiro privado na PPP que lhe incutam a busca de eficiência *ibidem*.

No que respeita à determinação da procura, Fourie e Burger (2000) consideram quatro casos de viabilidade ou não das PPP, de acordo com a natureza dos bens: se o bem é rival e de fácil exclusão, existe um significativo risco na procura mas pode ser disponibilizado através de PPP; se o bem é parcialmente rival e de fácil exclusão, o problema de *free-rider* não é grande, podendo haver lugar à PPP; se o bem é parcialmente rival, mas de exclusão difícil ou impossível, o problema de *free-rider* é elevado; se o bem é totalmente não rival com exclusão difícil, o problema de *free--rider* é significativo. Nestes dois últimos casos, a provisão privada apenas poderá ter lugar se for possível o governo limitar o risco na procura.

Ainda associado à natureza dos bens e serviços encontra-se a dificuldade de avaliação dos níveis de qualidade por dificuldades intrínsecas quer aos próprios bens e serviços quer ao seu processo de produção ou provisão. A dificuldade de estabelecer parâmetros e critérios de monitorização e controlo de qualidade também se reflectem na avaliação da eficiência, na medida em que e como foi referido na secção 1.3.1.1 a qualidade também é uma medida de eficiência. A presença de assimetria de informação é uma das causas da dificuldade de avaliação, por exemplo no caso da saúde. Este assunto será desenvolvido, para os serviços, no Capítulo 3 do presente trabalho.

Outro efeito que pode ocorrer nas PPP, resultante da dificuldade de determinação da procura é a deterioração dos níveis de qualidade e segurança. Quando a procura é garantida, pelo governo, ao parceiro privado e perante um sistema de pagamentos com fixação de preços limite, este, procurará efectuar a combinação dos seus recursos de forma a maximizar

As Parcerias Públicas-Privadas: Fundamentos Teóricos... 51

o seu lucro. Este facto pode conduzir a que os ganhos de eficiência sejam efectuados com prejuízo da qualidade e segurança com que esses bens e serviços são produzidos ou disponibilizados.

1.3.1.4. *A Transferência de Risco*

Para que se verifique a existência de uma parceria PPP é necessário a verificação conjunta de quatro factores, sendo que um deles deverá ser, obrigatoriamente, a transferência de risco do parceiro público (governo) para o parceiro privado, aliás como se tem vindo a referir nas secções anteriores. A importância da transferência de risco advém, em grande medida, do facto do parceiro privado aplicar recursos próprios num projecto partilhado com o Estado, sendo aquele o proprietário legal do activo ou activos objecto de uma PPP durante o período de vigência do contrato de parceria acordado (IMF, 2004).

Para uma melhor compreensão do sentido de risco, importa clarificar a sua noção. Risco é a possibilidade de perda. Neves (1998) considera que risco e incerteza são termos usados indiferentemente, embora considere que se deva fazer distinção entre eles. Para o autor, existe risco quando "o decisor pode estimar objectivamente as probabilidades dos acontecimentos", enquanto que a incerteza existe "quando não é possível fazer aquelas estimativas, tendo de se recorrer a probabilidades subjectivas" (p.107), ou seja, quando não existem dados históricos de comparabilidade.

Não sendo o objecto a análise detalhada e completa do processo de avaliação de risco, interessa abordar algumas questões consideradas importantes no quadro conceptual das PPP. Como foi analisado anteriormente (subsecção 1.3.1.1), o principal factor de eficiência económica nas PPP corresponde à introdução de mecanismos concorrenciais e da lógica de maximização do lucro na produção e provisão de bens e serviços públicos.

Além da referência efectuada à procura como elemento indutor de eficiência, Martins (1997) aborda a importância da propriedade sobre a eficiência económica, ao considerar que a propriedade privada apresenta vantagem em relação à propriedade pública em termos de eficiência económica em ambientes competitivos, já que a primeira reforça a criação de um forte sistema de incentivos, capaz de levar as equipas de gestão a encarar como seus, os objectivos das empresas e dos seus proprietários. Para Martins (1997:34) "o sistema de incentivos é mais eficaz no sector privado do que no sector público".

Ainda para o mesmo autor, a falência e o risco de *takeover* constituem duas ameaças que influenciam a actuação dos gestores no sector privado – o que não acontece no sector público – já que "funcionam como um factor disciplinador do [seu] comportamento", obrigando-os a "desenvolverem métodos mais eficientes de gestão" (p.35). Conclui ainda que, a inexistência daquelas ameaças nas entidades do sector público podem justificar situações de arbitrariedade na sua gestão (p.36).

Esta posição é reforçada por Fourie e Burger (2000:6-7) quando afirmam que "a procura de lucros por parte dos proprietários e gestores constitui um poderoso incentivo aos ganhos de eficiência e minimização de custos, através de uma boa gestão". Referem ainda, "que a presença de risco ou a assunção de risco pelo empreendedor privado, tem como prémio ou recompensa a obtenção de lucros".

Nas parcerias público-privadas sendo necessário que ocorra a transferência de risco(s) para o parceiro privado, significa que este encontra-se disposto a assumir os custos, penalizações por incumprimento, prejuízos e risco de falência bem como os benefícios, obtenção de lucros, inerentes àqueles. O parceiro privado ao aplicar recursos próprios, na parceria, passa a assumir o risco de perca dos mesmos, sendo legítimo afirmar que neste mecanismo se encontra presente um importante elemento indutor de eficiência, a propriedade. O risco inerente à detenção de propriedade é designado por risco de propriedade (IMF, 2004:21). Gerrard (2001) considera que o valor que o parceiro privado procura da participação numa PPP é o retorno do seu capital aplicado como um incentivo de gestão, não sendo, isto, diferente do que procura um investidor em qualquer outro negócio do sector privado.

Através da transferência de risco para o parceiro privado, o Estado diminui a exposição do sector público ao risco minimizando assim os seus custos e indirectamente possíveis aumentos de impostos. Desta forma, é necessário e essencial que a avaliação e quantificação do risco assim como a sua transferência, para o parceiro privado, seja feita numa proporção que permita alcançar dois objectivos:

1) gerar aumentos de eficiência na PPP comparado com o método tradicional de investimento público;

2) assegurar aos contribuintes que se encontram protegidos de consequências financeiras futuras – aumentos de impostos.

A avaliação da transferência de risco deve ser realizada caso a caso e demonstrada com base no comparador público. Esta metodologia permitirá comparar o custo-benefício da PPP com o investimento público, alternativa tradicional (EIB, 2004:4).

A realização da transferência de risco para o parceiro privado deve ser feita, em princípio, de acordo com os riscos que ele está mais apto a gerir e controlar. Esta posição é reforçada quando o IMF (2004:13) admite que "o governo quer aliviar o seu próprio risco acreditando que o parceiro privado o pode gerir melhor que ele próprio". O factor chave de sucesso das PPP encontra-se directamente correlacionado com a adequada transferência de risco (tipo e quantidade) do Estado para o parceiro privado tendo em conta as aptidões que este apresenta para a sua gestão (Allen, 2001;IMF, 2004).

Segundo Allen (2001:28), os riscos que transitam para o operador privado podem ser divididos em dois grupos: risco global ou genérico e risco específico. O primeiro apresenta-se comum a todo o tipo de projectos e tem causas genéricas. Estas são oriundas de factores de natureza económica, política, social e tecnológica, etc. (Menezes, 1991:373). O risco específico encontra-se afecto ao contexto restrito de cada tipo de projecto de PPP. As suas causas são específicas ao projecto em concreto sendo susceptíveis de avaliação, e portanto podem ser superadas.

Pode-se, então, distinguir alguns tipos de risco que entram na avaliação das PPP como se descreve no quadro seguinte.

54 *Fundamentos e Modelos nas Parcerias Público-Privadas...*

QUADRO 1.3 – **Tipos de riscos associados às PPP**

Tipo de Risco	Caracterização
Risco de Concepção e Construção	Abarca um conjunto de eventos que podem condicionar a construção de um activo infraestrutural, como seja: atrasos na conclusão ou entrega do bem, derrapagem nos custos e deficiências técnicas de concepção e construção.
Risco Operacional ou de Desempenho	É o risco associado à exploração do activo, e à produção e provisão dos bens e serviços a ele conexos por parte do parceiro privado. Trata-se de garantir a disponibilidade quer em quantidade e qualidade que foi contratualmente estabelecida dentro dos critérios/requisitos contratualmente definidos de produção e provisão, dos bens e serviços aos utilizadores finais.
Risco de Procura	Corresponde à variabilidade da procura de um bem ou serviço público face ao expectável no momento do contrato. Este risco deve apenas cobrir alterações na procura não resultantes do comportamento inadequado ou baixa qualidade do serviço fornecido pelo parceiro privado ou qualquer acção que altere a qualidade/quantidade dos serviços fornecidos. Deverá, assim, resultar de outros factores como ciclo de negócio, novas tendências de mercado, concorrência directa ou obsolescência tecnológica.
Risco Financeiro	Refere-se ao risco da variabilidade/alterações das taxas de juro, taxas de câmbio e outros factores que condicionam os custos de financiamento.
Risco do Valor Residual	Refere-se ao valor de mercado do activo no momento de exercício da opção de compra, quando prevista e exercida.
Risco Legislativo/Político	É o risco da viabilidade do projecto ser afectado por alterações de legislação, de actuação sociopolítica ou mesmo de conflitos com o governo, durante o seu ciclo de vida.
Risco de Ausência de Concorrência	Risco de criação de barreiras à entrada de novos operadores ou de ausência de concorrência por falta de operadores alternativos de fornecimento.
Risco de Catástrofes	Risco resultante de eventos naturais, actos de guerra ou terrorismo.

Fonte: Elaborado pelo autor a partir de Allen (2001), IMF (2004), Fourie e Burger (2000) e Menezes (1991).

1.3.2. Abordagem macroeconómica

1.3.2.1. Consolidação orçamental no quadro da UEM

No ano de 1991, foi dada nova redacção ao Tratado das Comunidades Europeias ficando conhecido pelo Tratado de Maastricht e no qual se fixaram as regras e datas do caminho a seguir na criação da moeda única. Os Estados-membros para aderirem à moeda única deveriam respeitar duas regras (art. 104-C)[20]: a relação entre o défice orçamental programado ou verificado e o produto interno bruto, a preços de mercado, não deveria exceder (limite máximo) o valor de referência de 3% e a relação entre a dívida pública e o produto interno bruto não exceder o valor de referência de 60%. Foi ainda fixado o período de adesão de 1 de Janeiro de 1999 até Julho 2002 para a introdução do euro (TUE,1992).

Alguns países, face à posição de desequilíbrio das suas finanças públicas, para conseguirem alcançar aquelas metas, efectuaram o ajuste orçamental, actuando no corte das despesas de investimento, tendo-se registado reduções significativas desde 1991.

Decorrido o período para a introdução da moeda única, os critérios de disciplina orçamental continuaram a ser exigidos aos governos dos países aderentes, tendo sido integrados no Pacto de Estabilidade e Crescimento (PEC), no qual se estipula como objectivo de médio prazo a obtenção de saldos globais (das Administrações Públicas) nulos ou excedentários, bem como o estabelecimento de procedimentos de supervisão e coordenação das políticas orçamentais. Daí que, aos Estados-membros que ultrapassem aqueles limites máximos fixados serão desencadeados procedimentos de penalização por défices excessivos (art. 104-C). A disciplina orçamental colocada aos Estados-membros – por via da ameaça de procedimentos de penalização por défices excessivos (art. 104-C) – tem exercido grande pressão sobre os governos no exercício das suas actuações por via da política orçamental.

Perante este quadro orçamental restritivo, a maioria dos governos dos países da UE defrontam-se com dificuldades e reduzida flexibilidade de actuação orçamental. A presença de limites ao défice público não

---

[20] Art. 104-C do Tratado da União Europeia.

56   *Fundamentos e Modelos nas Parcerias Público-Privadas...*

permite ou reduz em muito, a margem para a realização de projectos de investimento de carácter social e de promoção do crescimento económico que se apresentem necessários. Tal deve-se ao facto do financiamento desses investimentos, quer pela via das receitas correntes quer pelo corte da despesa corrente, agravar as suas dificuldades, uma vez que essas medidas serão politicamente contestáveis, já que a contracção de dívida pública também se encontra limitada Turrini (2004).

Neste contexto, agravado pelas dificuldades de crescimento económico que a UE vivia no período de 2002 a 2004, surge a defesa da aplicação da designada "regra de ouro" das finanças públicas[21]. Os argumentos a favor da adopção desta regra consistem em excluir, para o cálculo dos indicadores do Orçamento de Estado no processo de procedimento por défice excessivo, a despesa em investimento público, defendendo-se ainda que a sua adopção introduz maior flexibilidade na gestão das finanças públicas europeias e mais crescimento no longo prazo. Esta regra tem sido debatida desde 1930, aquando do surgimento da grande crise económica em 1929, data a partir da qual se abandonou a concepção clássica de equilíbrio orçamental e se passou a admitir a existência de desequilíbrios orçamentais e o recurso à contratação de empréstimos públicos para financiamento da despesa não suportada por receitas efectivas. Esta nova concepção foi introduzida através da teoria macroeconómica de Keynes como forma dos governos, através das políticas orçamental e monetária, actuarem de forma contra-cíclica e, assim, estabilizar a economia e promover o crescimento económico, como foi abordado anteriormente nas secções 1.1.1 e 1.1.2.

Apesar de não ser nova, aquela regra entrou recentemente no debate de política económica, pelo facto de ter sido adoptada por alguns governos de países anglo-saxónicos como Reino Unido, Austrália e Nova Zelândia, no tratamento de regimes especiais para despesas de investimento, bem como agora na discussão do novo quadro fiscal introduzido pelo Tratado

---

[21] A "regra de ouro" visa o equilíbrio nas contas públicas evidenciado pelo equilíbrio entre receias e despesas correntes. Para o efeito, a adopção desta regra requer que o Orçamento de Estado seja dividido em duas componentes; a) a conta operações correntes, b) a conta operações de capital. Os governos apenas podem contrair dívida pública para financiar as despesas de capital. Os defensores da adopção desta regra, consideram que apenas deveria entrar para o cômputo do défice público as despesas com operações correntes

As Parcerias Públicas-Privadas: Fundamentos Teóricos... 57

de Maastricht e PEC (*Ibidem*). Contudo, a União Europeia não adoptou esta regra.

Como forma de aliviar a pressão do enquadramento orçamental, os governos têm vindo a recorrer ao mecanismo das parcerias público--privadas. A sua adopção desde que contratualmente concebidas sob determinadas condições, as quais serão tratadas na secção seguinte, possibilita que os governos executem os seus programas de investimento público sem afectar ou violar as limitações orçamentais impostas pelo PEC. Através de uma PPP, o governo transfere para o sector privado (parceiro privado) a responsabilidade pela concepção, construção e financiamento de um determinado activo (entenda-se infra-estrutura) e pela provisão do bem ou serviço conexo, obedecendo a exigentes parâmetros estabelecidos, durante um longo período de tempo, normalmente 25-35 anos. O pagamento pelo fornecimento do "cabaz" de serviços (inclui uma componente de parte do activo e de bens e serviços) efectuado ao parceiro privado é realizado de forma regular durante o período de vigência da parceria, de acordo com o contratualmente estabelecido, sendo tratado nas contas públicas como despesas em consumos intermédios. O montante referente ao exercício da opção de compra do activo é feito, quando aplicável, no fim do contrato pelo valor residual.

Desta forma e como se pode observar na Figura 1.1 abaixo, o uso das PPP possibilita a conversão de despesas fixas, realizadas sob a forma de pagamento adiantado ou pagamento integral (de uma só vez), durante o período de construção do activo, em futuros e regulares fluxos financeiros, após o início da exploração, durante o período de vigência da parceria e, assim, aligeirar os custos iniciais dos investimentos públicos, tornando-se esta a principal vantagem na óptica das finanças públicas face ao recurso do tradicional investimento público (Turrini, 2004:33).

FIGURA 1.1 – Confronto entre o perfil dos pagamentos no modelo
de investimento público tradicional e no modelo de PPP

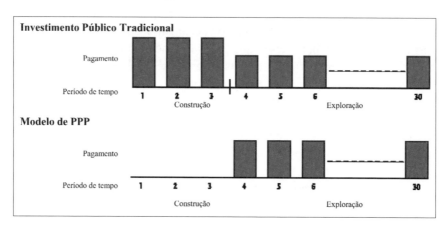

Fonte: Adaptado de IFSL (2001:18)

O argumento de que as PPP são vantajosas, porque têm a propriedade de colocar fora do orçamento as despesas de investimento, é por si de fraca sustentabilidade, na medida em que verificadas determinadas regras, o activo será contabilizado fora do Orçamento de Estado embora as despesas continuem a existir, mas agora integradas nas despesas correntes e diferidas no tempo. Ocorre sim, do ponto de vista financeiro, uma redução da pressão de "tesouraria" pela conversão das despesas públicas de investimento iniciais em fluxos regulares com impacto no longo prazo, aliviando no curto prazo o efeito das restrições orçamentais dos governos quando lhes são impostos limites aos défices públicos.[22]

Ao nível das finanças públicas são ainda escassas as evidências do impacto orçamental provocado pelas PPP, nos países da Zona Euro, facto que deve ser cuidadosamente avaliado e ponderado. Com efeito, e como Turrini (2004) alerta ainda não está garantido que do ponto de vista da sustentabilidade das finanças públicas no longo prazo o recurso às PPP seja preferível à alternativa de financiamento com recurso ao investimento público.

---

[22] De acordo com SEC 95, quando um activo é considerado do Estado a despesa inicial (ainda que em fase de construção ou outra) é registado na conta despesas de capital com uma contrapartida no lado da dívida pública (Eurostat, 2004).

1.3.2.2. As Normas do Eurostat

O enquadramento orçamental dos Estados-membros, assim como a sua supervisão e acompanhamento por parte das instituições com essa responsabilidade, colocam um importante desafio na obtenção e tratamento da informação sobre as finanças públicas dos diferentes estados. Neste sentido foi desenvolvido pelo Eurostat o Sistema Europeu de Contas Económicas Integradas (SEC 95) como quadro de referência no tratamento da informação estatística, a fim de obter estatísticas fiáveis, transparentes e comparáveis para avaliar a situação orçamental e de dívida pública nos Estados-membros.

Como forma de ultrapassar as limitações que a política orçamental coloca, os Estados-membros começaram a recorrer ao mecanismo de PPP. A este facto prendem-se as perspectivas do crescimento do recurso às PPP no espaço europeu e ainda a promoção dada pela Iniciativa Europeia para o Crescimento para que os Estados-membros façam uso deste mecanismo. Este contexto, acrescido ao facto de ainda não existir uma regra comum adoptada pelos diversos Estados-membros no tratamento das operações em PPP nas contas nacionais, possibilita àqueles o livre tratamento e controlo da despesa nos Orçamentos de Estado (IMF, 2004).

O surgimento deste novo mecanismo que assume formas diversas nos diferentes Estados e os efeitos que o mesmo pode ter nas contas públicas, coloca problemas no tratamento estatístico da informação de cada governo, na medida em que o (SEC 95) não define com clareza o tratamento a dar aos acordos/contratos mais complexos como são as PPP (Eurostat 2004).

O Eurostat fixou, com a preocupação das consequências que a adopção do mecanismo PPP poderá ter na contabilidade nacional de cada país e assim deturpar o cálculo do défice orçamental e dívida pública, um conjunto de linhas de orientação e regras que os institutos nacionais devem respeitar na elaboração das contas nacionais, quando existam operações derivadas do recurso àquele mecanismo.

Com o objectivo de obter um tratamento harmonizado dos acordos de PPP, o Eurostat definiu em 2004 uma metodologia própria para a classificação das parcerias e dos activos envolvidos nos acordos entre governo e entidades privadas, lucrativas e não lucrativas, a qual se baseia na avaliação da transferência do risco envolvido na parceria.

60   *Fundamentos e Modelos nas Parcerias Público-Privadas...*

Define o Eurostat que sempre que existam pagamentos regulares feitos pelo Estado a um operador privado no âmbito de uma PPP, o activo objecto do contrato deve ser inscrito nas contas da entidade contratual que efectivamente suportar o maior risco e que obtém a maioria dos proveitos do projecto. Se é o operador privado a suportar maior risco, o défice público será afectado apenas pelos regulares pagamentos feitos pelo governo. Se no caso da maioria do risco for suportado pelo parceiro público (governo), então o activo da PPP deve ser registado nas contas deste último, sendo a dívida e défices públicos afectados pelo custo total do projecto.

Segundo o Eurostat, os Institutos Nacionais de Estatística devem respeitar e aplicar um determinado critério na avaliação da partilha de risco. Assim, os activos envolvidos nas PPP devem ser classificados como bens não públicos, registados fora das Contas Nacionais e do orçamento do Estado, se ambas as condições seguintes forem satisfeitas:[23]

1. o parceiro privado suporta o risco de construção;
2. o parceiro privado suporta pelo menos um dos riscos de disponibilidade ou de procura.

Como já se observou, o risco de construção encontra-se associado ao processo de construção, como eventuais atrasos na conclusão, de custos adicionais ou de deficiências técnicas de construção. O Risco de disponibilidade refere-se a factos que podem alterar a continuidade do contrato quanto ao fornecimento ou disponibilidade acordada, em quantidade e qualidade dos serviços prestados aos consumidores finais. Por fim, o risco de procura é o risco associado aos factores que induzem a variabilidade na procura de serviços objecto da PPP.

Juntamente com estes critérios, o Eurostat menciona, também, a importância que os institutos nacionais de estatística devem atribuir aos princípios de transparência do tratamento da informação, nomeadamente de operações que possam dar origem a futuros passivos. É o caso das garantias prestadas pelo parceiro público ao parceiro privado, no âmbito

---

[23] Caso assim seja, os activos serão registadas nas contas do parceiro privado e, assim, só os pagamentos regulares dos serviços contratados e o valor residual do exercício de opção de compra do bem subjacente ao contrato têm impacto no Orçamento de Estado.

de contratos de PPP. Apesar de não se considerarem passivos reais/ /efectivos para o governo, em virtude da sua incerteza futura de ocorrência, devem, no entanto, ser avaliadas quanto à possibilidade ou grau de previsibilidade de se converterem, no futuro, em passivos potenciais (Eurostat 2004; Turrini 2004).

1.4. A regulação

Pretende-se neste capítulo efectuar uma breve abordagem à intervenção indirecta do Estado nas actividades económicas, referindo-se os objectivos e argumentos a favor da regulação pelo Estado, a importância da regulamentação contratual nas PPP e por fim uma breve caracterização da especificidade da regulação no sector da saúde.

1.4.1. A Necessidade de regulação

Na secção 1.1 foi abordado a alteração do papel do Estado, sendo dito que nos sistemas de economia mista, os Estados estão a optar pela devolução da iniciativa económica à esfera privada, prescindindo das suas actividades e competências de detentor, produtor e prestador de serviços públicos, em favor da regulação das actividades exercidas pelos agentes económicos privados. Essas mudanças não se restringem apenas às suas funções económicas, mas também nas características e regras das novas relações que se desenvolvem entre o Estado e o sector privado, através de uma crescente complementaridade cooperativa entre os sectores público e privado, sob a forma de parceria, como forma de fazer frente ao dinamismo e interdependência do ambiente económico e social moderno.

Esta alteração não significa o abandono da actividade económica, por parte do Estado, mas apenas uma alteração do seu modelo de intervenção, de actor directo como agente económico, passa para uma intervenção indirecta, via regulação. Através da regulação, assente em entidades próprias independentes e prestigiadas, complementada com o poder inspectivo e sancionatório (quando necessário), o Estado actua no mercado fixando regras para sectores de actividade procurando condicionar o comportamento dos agentes económicos (Roque 2004).

O exercício da regulação pode ser efectuado por um variado número de organismos, sendo que a natureza dos reguladores afecta não só o estilo de actuação, mas também, quer as estratégias empregues, quer o sucesso com que cada organismo regulador alcança os seus fins (Baldwin e Cave, 1999). Estes autores referem como principais categorias de reguladores, a *self-regulators*, autoridades locais, parlamento, tribunais, departamentos ministeriais, agências ou autoridades reguladoras e directores gerais. A categoria e estruturas de regulação têm evoluído ao longo do tempo, sendo predominante desde a segunda metade do século XX as agências ou autoridades de regulação. Tratam-se de organismos caracterizados por actuarem em nome do Estado, mas com independência do governo, que detêm o seu próprio corpo de especialistas, podendo aglutinar diversas funções, e encontrando-se direccionados para um sector particular ou para um problema específico. Apesar de actuarem com independência do governo, este detém alguns poderes, nomeadamente de nomeação de membros directivos.

A presença do Estado no mercado, através da regulação, visa essencialmente dois objectivos: procurar prevenir e corrigir as falhas do sistema de mercado e a defesa do interesse público, evitando que este seja ultrapassado pela procura simples do lucro, sendo diversos os instrumentos de regulação a utilizar. Baldwin e Cave (1999) consideram que o Estado actua na procura do interesse público, utilizando as justificações técnicas. Para Connely e Munro (1999), os instrumentos de regulação dependem da extensão das falhas de mercado, sendo, estas, reflexo da natureza do sector e do poder de mercado manifestado pelos agentes económicos.

Os argumentos a favor da regulação podem-se resumir nos seguintes: existência de poder de mercado; existência de externalidades e de assimetria de informação; garantia de que os padrões de qualidade e segurança são cumpridos (Baldwin e Cave, 1999; Connolly e Munro, 1999). Na presença de um agente ou de um número muito reduzido de agentes que dominam o mercado, a regulação é necessária de forma a prevenir comportamentos de abuso de poder e comportamento anti-competitivo (comportamento predador do incumbente) e, assim, estimular a concorrência. Ainda, e no caso dos monopólios, prevenir a prática de preços excessivos por parte do produtor, fixando preços limites (exemplo: electricidade). No caso, por exemplo, da existência de externalidades negativas na produção, a regulação visa forçar os produtores ou consumidores a internalizarem (suportarem) o verdadeiro custo de produção em vez de

As Parcerias Públicas-Privadas: Fundamentos Teóricos...   63

serem terceiros, alheios ao seu consumo, a suportá-lo e ainda a monitorização das actividades desenvolvidas pelas agentes privados que têm impacto no ambiente.

Os mercados para funcionarem de forma regular necessitam que os consumidores estejam bem informados, capazes de avaliar os bens e serviços que lhes são disponibilizados nas suas decisões. A informação imperfeita distorce a capacidade de avaliação, constituindo uma grave falha de mercado. Os problemas associados à informação imperfeita podem ter várias razões: a produção da informação é muito cara; a ocultação da informação por razões de concorrência; o agente económico ao deter vantagens na obtenção de superior informação explora essas vantagens, reduzindo a sua divulgação, de forma a reter o consumidor, etc. O objectivo da regulação, nesta situação, será fazer com que a informação sobre o mercado seja difundida, acessível, exacta e transparente, protegendo os consumidores contra a distorção de informação, estimulando ao funcionamento mais saudável dos mercados. Existem determinados bens e serviços cuja produção e disponibilização aos consumidores requerem o cumprimento de determinados padrões de qualidade e consumo. Existem situações em que a elevada qualidade de um produto ou serviço pode estar em conflito com a prática de baixos preços e na presença de reduzida concorrência a pressão para a prática de padrões de qualidade é reduzida. Nestes casos, a regulação deve assegurar que a disponibilização desses bens e serviços ao mercado seja realizada respeitando esses critérios.

Finalmente, a presença de bens de interesse geral. Quando se está na presença deste tipo de bens, cuja produção e disponibilização se realiza através do mercado ou de mecanismo de quasi-mercado, o regulador deve assegurar que o interesse público seja respeitado, nomeadamente, a continuidade da disponibilidade do bem e serviço em quantidade e qualidade socialmente desejável, assegurando que seja de acesso universal e garantindo que o mesmo seja realizado de forma equitativa.

A abertura de actividades ao sector privado que antes lhes estavam vedadas, nomeadamente, no domínio de bens e serviços de interesse geral, bem como o surgimento de inovadoras formas de organização na produção e provisão desses bens, constitui uma nova realidade económica e social. Esta nova realidade, na qual se incluem as PPP, exige a adopção de um quadro normativo legal e institucional, bem como a criação de novos ou o aperfeiçoamento dos instrumentos de regulação já existentes que possi-

64 *Fundamentos e Modelos nas Parcerias Público-Privadas...*

bilitem quer a defesa do interesse público quer o tratamento do novo e complexo modelo de PPP.

O contexto onde se desenvolvem as PPP constitui um pré-requisito para o seu sucesso (OCDE, 2005). Esse contexto abarca não só o quadro legal, mas também o ambiente socio-cultural no que respeita à cultura organizacional pública e privada. Tratando-se de um mecanismo complexo que actua em actividades de bens e serviços de interesse geral que as sociedades modernas exigem ter à sua disponibilidade, a existência de enquadramento institucional e apertada regulação é vital para que as PPP obtenham sucesso no seu desempenho (Savas, 2000). Neste sentido, Pongsiri (2002) e Simões (2004) consideram que a definição prévia (antes da implementação dos programas de PPP), de uma plataforma legal e institucional, de enquadramento para o desenvolvimento da actividade, por parte dos parceiros (nomeadamente a participação do sector privado, como produtor e prestador de serviços públicos), em que o quadro legal seja correcto, claro e sem ambiguidades, transparente e específico, procurando assegurar o equilíbrio de interesses público e privado, alinhando-os, de forma a alcançar uma verdadeira parceria é fundamental.

O enquadramento legal das PPP deve compreender dois elementos: enquadramento no ordenamento jurídico de cada Estado do modelo PPP e a criação da entidade reguladora (Pongsiri, 2002; Roque, 2004; Simões, 2004). O enquadramento legal das PPP, refere-se à participação do sector privado na produção e prestação de serviços públicos, enquanto a entidade reguladora compreende uma intervenção indirecta ou condicionada do Estado no sistema económico e que pode abarcar todo um sector económico. Esta última pode ainda incluir as tarefas de regulamentação contratual e monitorização dos procedimentos de contratação pública, e avaliação de resultados entre outros.

1.4.2. Regulamentação contratual das PPP

Além do enquadramento legal e institucional das PPP na ordem jurídica de um país, acresce a capacidade de regulamentação contratual intrínsecas ao próprio mecanismo. Quando se fala de regulamentação, fala-se, de entre diversos elementos, da efectiva e permanente monitorização e medidas correctivas de todos os elementos que compõem o contrato de parceria e que devem ser respeitados.

As Parcerias Públicas-Privadas: Fundamentos Teóricos...   65

Não existindo uma regra ou princípios universais de enquadramento legal e de procedimentos no tratamento das PPP, verifica-se contudo, no contexto da União Europeia, a procura de uma harmonização quer no campo da política orçamental, já anteriormente referida, quer no enquadramento jurídico entre os Estados-Membros, devendo neste campo seguir o tratamento dado na regulamentação contratual. Neste sentido e ao nível da legislação europeia, as PPP encontram-se classificadas ao nível dos contratos públicos e concessões (CCE, 2005:5).

Delimitando a discussão à regulamentação contratual das PPP, serão destacados apenas os aspectos considerados mais relevantes. A formatação do regime contratual das PPP deve conter aspectos fundamentais, referentes às prioridades dos intervenientes directos, governo e parceiro privado.

Para o governo, a regulamentação contratual deve assegurar que as PPP operam de forma eficiente e eficaz procurando ir de encontro aos objectivos políticos definidos. No entanto, a mesma regulamentação deve ser concebida de forma a incluir prioridades governamentais de ordem social e económica, e que se podem resumir nas seguintes: incremento da eficiência económica; melhoria da qualidade dos bens e serviços públicos prestados; defesa do interesse público; sistema de pagamentos e sistema de resolução de conflitos e aplicação de penalidades.

Para que cada uma destas prioridades seja alcançada, deve ser assegurado um conjunto de requisitos essenciais, destacando-se os seguintes: garantia de mecanismos de pressão competitiva ou contestabilidade; definição de parâmetros de avaliação e de objectivos mensuráveis; disponibilidade dos bens e serviços garantida; salvaguarda do interesse público; incorporação de cláusulas contratuais para contingências, de forma a tornar o contrato flexível e destinado a resolver conflitos.

O sistema de pagamentos poderá incluir parâmetros de preço fixo e variável, promovendo a gestão eficiente do projecto e reduzindo a assimetria de informação entre os parceiros (Crampes e Estache, 1997; Fourie e Burger, 2000; IMF, 2004:21; Pongsiri, 2002).

Para o parceiro privado, os contratos deverão incluir prioridades tais como: um sistema legal que lhes assegure a recuperação dos seus capitais investidos e que os contratos sejam cumpridos, liberdade na gestão de exploração, garantia de obtenção de lucros, um sistema de resolução de conflitos. Assegurar que existe um sistema legal que contempla a protecção contra as expropriações, arbitrariedades na resolução de conflitos e

Fundamentos e Modelos nas Parcerias Público-Privadas...

imprevisíveis mudanças resultante de interferências políticas e o respeito pelo cumprimento dos acordos contratuais, constitui a principal preocupação do parceiro privado.

Em síntese, as PPP requerem como elemento regulador essencial para que os contratos sejam sustentáveis, um quadro legislativo claro com regras bem especificadas para ambos os parceiros público e privado.

1.4.3. *A especificidade da regulação na saúde*

O sector da saúde apresenta características específicas comparativamente com outros sectores de bens e serviços de interesse geral e que o distinguem, quer pela presença simultânea das falhas de mercado que constituem argumentos a favor da regulação, já abordados na secção 1.4.1, quer pela forte dimensão social que a saúde incorpora. Para além destes dois factores, o sector da saúde comporta uma estrutura complexa de integração vertical e horizontal, abarcando um vasto conjunto de programas e serviços que vão desde os cuidados preventivos aos agudos, do individual a toda a população, de cuidados primários aos cuidados de internamento mentais e ocupacionais, envolvendo muitos e diversos actores da sociedade. Como Saltman e Busse (2002:45) referem "o sector da saúde é uma das mais complicados áreas que o Estado moderno procura regular".

Sendo a saúde um bem de mérito contém particularidades distintivas e mais vincadas face a outros sectores das chamadas *utilities,* como seja: o acesso universal; qualidade e segurança; a equidade no tratamento bem como constitui um elemento de coesão social. Todos estes aspectos fazem com que o processo de regulação seja mais sofisticado do que noutros sectores.

Para além do seu acentuado valor social existem características técnicas que tornam a saúde mais específica. Esta especificidade é fonte de dificuldades diversas. Uma delas diz respeito à dificuldade na definição e controlo da qualidade, em virtude quer da existência de barreiras éticas e legais à sua monitorização quer do estabelecimento duma correlação com a avaliação do desempenho, na medida em que os resultados são multidimensionais. Outra grande dificuldade tem origem na elevada presença de assimetria de informação, constituindo um elemento que gera múltiplos impactos. Destacando-se de acordo com Rico e Puig-Juneoy (2002), desde a insegurança sentida pelo cidadão na selecção dos tratamentos adequados

As Parcerias Públicas-Privadas: Fundamentos Teóricos...

ao seu caso, no surgimento do risco moral e na qualidade, na medida em que a procura não é um elemento relevante como mecanismo de controlo. Outro elemento adicional de dificuldade situa-se ao nível micro--institucional e no controlo, monitorização e avaliação contratual, como Chinitz (2002:69) refere "a regulação no sector da saúde é ultimamente não só uma questão utilização de instrumentos técnicos mas uma questão de intervenção de gestão".

Os conflitos ou impactos que a abertura ao sector privado e a introdução de mecanismos de mercado poderão gerar na saúde, nomeadamente entre a procura de eficiência com a equidade e acessibilidade, são uma das preocupações que a regulação deverá incluir na sua estrutura.

A dupla dimensão do sector da saúde ao nível social, económico e de gestão fazem com que a regulação do sector da saúde seja mais sofisticada, que em outros sectores de bens e serviços de interesse geral. Para Saltman e Busse (2002) é necessário separar estas duas dimensões no quadro da regulação no sector da saúde. Por um lado, a actividade reguladora deverá conter nos seus fins objectivos de política social e económica, onde a defesa do interesse público seja vincado. A segunda dimensão, da actividade reguladora, deve centralizar-se nos mecanismos de gestão do sector da saúde. Estes situam-se ao nível operacional, centrados em mecanismos específicos de regulação enfatizadas na qualidade e eficácia do acesso dos pacientes, do comportamento de quem realiza a prestação dos serviços, dos pagamentos, entre outros. Os elementos que compõem esta segunda dimensão podem, segundo estes autores, ter ou não impacto directo na capacidade do sistema de saúde alcançar os objectivos, pelo que devem estas duas dimensões ser concebidas de modo apropriado, por forma a que o Estado tenha um quadro regulador coerente e sustentado para o sector da saúde.

Por fim, também é ainda referido por Chinitz (2002:68) que na determinação de uma boa ou má regulação no sector da saúde, além da consideração das contingências específicas deste sector, também é muito importante atender às contingências de cada país.

2. EXPERIÊNCIAS INTERNACIONAIS COM PARCERIAS PÚBLICO-PRIVADAS

No presente capítulo será efectuada uma análise das PPP realizadas num conjunto de países com experiências implantadas em diversos sectores e já avaliadas para o sector da saúde. Esta análise será, naturalmente, enquadrada no quadro conceptual do capítulo anterior.

Será abordada, de forma sintética, a crescente importância a nível internacional que o recurso às PPP vem assumindo, com destaque para o contexto europeu, bem como os modelos adoptados e seus fundamentos nos países seleccionados. O capítulo termina com uma discussão, resumida, dos resultados alcançados nas experiências realizadas.

2.1. A importância crescente das PPP: países e sectores de actividade

Afirmou-se no Capítulo 1 que o recurso ao mecanismo das PPP por parte do Estado é determinado pelo objectivo de garantir eficácia e eficiência na afectação de recursos permitindo simultaneamente aliviar a pressão sobre o orçamento. Cabe agora procurar verificar a dimensão da aplicação das PPP e as determinantes que têm conduzido ao seu maior ou menor desenvolvimento.

2.1.1. *As parcerias com o sector privado nos vários sectores de actividade*

Na última década, tem-se assistido a um aumento significativo da cooperação e envolvimento entre os sectores público e privado no desenvolvimento e realização de projectos de investimento, utilizando o mecanismo de parceria público-privada em vários sectores de actividade tradi-

70 *Fundamentos e Modelos nas Parcerias Público-Privadas...*

cionalmente dominados pelo sector público, em detrimento do recurso ao mecanismo tradicional utilizado pelos governos – o investimento público.

As PPP, no conceito apresentado na secção 1.2.1, iniciaram o seu desenvolvimento em 1992 no Reino Unido, reintegradas em programas de reforma do Estado promovidos pelo governo conservador de Margaret Thatcher. Seguindo-se à iniciativa política governamental[24] da *"Ryrie Rules"*, foi lançado em Novembro de 1992, pelo Chancellor Norman Lamont, um programa de PPP com o fim de aumentar o envolvimento do sector privado em programas de investimento e provisão de serviços públicos, combinando novas e diversas formas de parceria (Allen, 2001). Deste programa fez parte o modelo *Private Finance Initiative* (PFI) que se diferencia das restantes parcerias pelo facto de possibilitar o financiamento privado dos projectos públicos, sendo a categoria de PPP mais usada no Reino Unido (*Ibidem*). As PPP foram posteriormente assumidas e fortemente expandidas pelo governo trabalhista a partir de 1997, revelando-se como uma opção mais programática do que ideológica.

A adopção da PPP/PFI pelo governo britânico teve como objectivo o incremento da eficiência económica no sector público. Com efeito, tal era admitido pelo Treasury Taskforce (1999:2) ao afirmar que "o objectivo do PFI é fazer a provisão de serviços públicos de elevada qualidade que representem V*alue for Money* (VfM) para os contribuintes. É [este] e não o tratamento contabilístico[25] que constitui a chave determinante para que o projecto seja levado ou não em diante ". O aumento da satisfação das expectativas públicas, procurando combinar a afectação eficiente dos recursos com a qualidade dos bens e serviços, constitui o vector principal para a adopção da PPP/PFI como é expresso por HMT (2004:3): "a perspectiva central, no recurso ao PFI, deverá ser sempre procurar gerar V*alue for Money*, onde VfM é a óptima combinação dos custos globais e qualidade durante todo o ciclo de vida [do investimento] que vá de encontro às

---

[24] Política governamental com origem nas regras de *Ryrie Rules*. Regras formuladas pelo National Economic Development Council (NEDC) em 1981 sob a liderança do Secretário do Tesouro Sir William Ryrie, com o objectivo de permitir o recurso ao financiamento privado nos projectos investimento público.

[25] Cerca de 60% do valor dos projectos em PPP/PFI encontram-se incluídos nas contas públicas do Reino Unido (HMT, 2003:1). Perante este facto pode concluir-se que neste país o recurso a este mecanismo não tem como objectivo central ultrapassar as limitações orçamentais e de endividamento.

Experiências Internacionais com Parcerias Públicas-Privadas

exigências dos utilizadores [...] o que não significa adquirir sempre ao mais baixo custo".

Após o lançamento do programa de PPP realizado pelo Reino Unido, muitos países pelo mundo inteiro adoptaram este conceito na realização de projectos de investimento em infra-estruturas e na provisão de serviços públicos. O Quadro 2.1 exemplifica, para o período 2004-2005, o alcance dos programas de PPP que alguns países têm promovido na realização de projectos de investimento.

QUADRO 2.1 – Síntese das PPP por País e Sector em 2004-2005[a]

Sectores	Estradas e Pontes	Caminhos de Ferro	Aeroportos	Portos	Defesa	Saúde Hospitais	Escolas	Prisões	Alojamento	Habitação Social	Água e Saneamento	Tecnologia de Informação
PAÍSES												
Austrália	5	4	5	5	2	3	2	4	2	2	4	3
África do Sul	3	2	1			3	1	2	2		1	1
Alemanha	3	1	1		3	2	4	3	3		3	2
Áustria	2	2	1			2	1	1	1		1	1
Canadá	3	2				3	2	1	2		2	
Espanha	5	2	2	5		3	1	2	2		3	
França	5*	4*	1	1	1	2	1	2	2		5*	
Hungria	3	1	1			2	3	2	1	3	3	2
Irlanda	4	2				2	3	1	1	3	4	
Itália	4	3	2	2		3		1	3	2	4	
Japão	1	1	2	2	1	3	4	2	4	2	3	1
Malta	2			1		2	1			1		2
México	2	2	2			2	2	1			1	
Noruega	3				1	2	2	1	1			
Portugal	5	3	1	3		2	1	1	1	1	5	2
Reino Unido	5	5	5		5	5	5	5	5	5	5	5
Roménia	3		1			2					2	2

Legenda:
1-Em estudo; 2-Projectos lançados a concurso; 3-Projectos lançados e alguns já contratados;
4-Projectos fechados; 5-Projectos operacionais
* Nestes sectores a actividade refere-se ao sistema tradicional de concessões
(a) Na elaboração do presente quadro foram excluídos os países que se encontram a estudar a introdução do mecanismo PPP no sector da saúde
Fonte: Adaptado de PWC (2005a) e EIB (2004)

72   *Fundamentos e Modelos nas Parcerias Público-Privadas...*

É pelo sector dos transportes que geralmente todos os países iniciam as suas experiências na utilização nas PPP expandindo-as progressivamente para outros sectores. A dimensão dessa expansão reflecte o estado de desenvolvimento do quadro legal e das prioridades das políticas nacionais de cada país.

Da observação do quadro anterior, retira-se que os países com maior desenvolvimento nas PPP são o Reino Unido, Austrália e Japão sendo os sectores estradas e pontes, saúde e hospitais, prisões e água e saneamento os que detêm maior relevância. Muitos dos projectos de investimento sob o modelo de parceria, abrangendo diversos sectores, foram lançados mais recentemente, entre 2002-2005, na Alemanha, Espanha, França, Hungria e Itália e ainda no México, Brasil e Japão.[26] De acordo com os dados da PWC (2005a:37-54), cerca de 206 contratos de PPP foram assinados entre 2004 e 2005, representando aproximadamente cerca de 42 biliões de euros, sendo que a grande maioria se encontra concentrada na Europa com cerca de 152 projectos assinados, dos quais 118 foram realizados no Reino Unido, no valor de 21 biliões de euros.

Em 2003, e segundo dados revelados pela PwC (2004:13), o espaço Europeu representou 85% do valor total dos contratos de PPP celebrados a nível internacional, sendo que à data de Março de 2004, o Banco Europeu de Investimento (BEI) tinha financiado projectos de investimento desta natureza no montante aproximado de €18 biliões, no espaço dos 15. Em Junho de 2005, aquela instituição tinha financiado um montante total de €19,4 biliões, no espaço dos 25 (PwC; 2005a:49). No entanto, se se eliminar o valor de mercado do Reino Unido, a representatividade do mercado europeu desce para 19,6% do valor global. Ainda no espaço europeu, constata-se no sector dos transportes que alguns dos projectos de investimento realizados sob PPP integram o projecto europeu de redes transeuropeias de transporte, verificando-se, contudo, um crescente interesse na sua aplicação a outros sectores, como saúde e escolas, por exemplo. No sector da saúde destaca-se o lançamento, recente, de extensos investimentos nas redes hospitalares, nomeadamente na Itália, Espanha e França (PwC, 2004, 2005a; S&P, 2005).

O Reino Unido é o líder e centro global do desenvolvimento das PPP com 700 projectos contratados, perfazendo a quantia de €46 biliões

---

[26] Para uma análise mais detalhada consultar EIB (2004,2005) e PwC (2005a).

(aproximadamente €68 biliões[27]) à data de Março de 2006 e representando globalmente cerca de dois terços do valor mundial de contratos de PPP, dos quais 500 se encontra já em completa fase operacional. O governo britânico perspectiva ainda lançar mais 200 projectos no valor de €20 biliões (aproximadamente €29 biliões) até 2010 (HMT, 2006:13; PwC, 2005a; S&P, 2005). O valor dos projectos de investimento realizados com recurso às PPP tem representado, de 1998 a 2006, valores entre os 10-15% do total de investimento público (HMT, 2006).

Além do Reino Unido seguem-se a Austrália e o Canadá com experiências de PPP já implantadas e avaliadas no sector da saúde e que apresentam um forte dinamismo na adopção deste mecanismo.

O interesse internacional pela adopção e aplicação das PPP por parte de muitos governos, seja a nível nacional, estadual, regional ou local, tem sido geralmente justificado com dois argumentos: a necessidade de aumentar a eficiência económica dos investimentos e as limitações orçamentais que enfrentam.

A Austrália, representando o segundo país mais dinâmico na implementação das PPP, começou por apresentar diversos modelos de parcerias aplicadas nos seus diversos estados, com predominância para os modelos *Build, Own and Operate (Transfer)*-BOO(T), registando-se, no entanto, uma convergência para a adopção do modelo mais uniforme DBFO[28]. Actualmente, apresenta dois estados com maior desenvolvimento de PPP: Victoria (onde as PPP representam uma média anual de 10% do investimento público) e New South Wales.

A adopção das PPP na Austrália iniciou-se no Estado de Victoria, sendo este o Estado que detém maior experiência. Neste, o desenvolvimento das PPP percorreu duas fases: uma primeira compreendida entre 1992-2000, caracterizada por um contexto macroeconómico dominado por dificuldades económicas e por elevados défices orçamentais e nível de endividamento público, o que determinou a fixação de limites ao endivi-

---

27 Cotação de conversão usada €1= €0,68.

28 No ano 2004, foi criado o órgão *(National PPP Forum- www.pppforum.gov.au)*, com vista a harmonizar os normativos e processos de parcerias e encorajar a uma melhor coordenação e partilha de informação entre os diferentes estados do país, nos programas de PPP.

74   *Fundamentos e Modelos nas Parcerias Público-Privadas...*

damento estabelecidos pelo Australian Loan Council. As medidas tomadas pelo governo para a recuperação das finanças públicas integravam o recurso ao mecanismo de PPP como meio de obtenção de novas fontes de financiamento para a realização de infra-estruturas que não afectassem o nível de endividamento do governo. Neste período, o recurso às PPP teve como objectivo principal a recuperação financeira das contas do estado, procurando o governo transferir para o parceiro privado o máximo de risco (ARGC, 2000; English, 2005; PAEC, 2003:6). Numa segunda fase – desde 2000 – emerge um segundo modelo de parceria em resposta a um conjunto de deficiências detectadas nos modelos anteriormente adoptados em que os interesses sociais foram insuficientemente protegidos. Os relatórios de avaliação promovidos pelo governo concluíram que os resultados foram insatisfatórios quer para aquele, quer para o parceiro privado: problemas de eficiência e qualidade nos serviços prestados justificaram alguns ajustamentos face a aspectos que foram descorados na defesa do interesse público (Fitzgerald, 2004; HA&FS, 2005; Maguire e Malinovitch, 2004; VU, 2005).

O governo de Victoria passou, a partir de Junho de 2000, a adoptar o modelo britânico DBFO que vinha sendo divulgado a nível internacional, com adaptações à especificidade do contexto do Estado, como se retira de (DTF, 2000:1) quando refere que "Partnerships Victoria está primeiramente centrada com o estabelecimento de parcerias para a provisão de infra-estruturas públicas e serviços auxiliares relacionados". Este novo modelo centra-se no incremento da eficiência económica e na criação de valor para o interesse público, objectivos expressos pelo DTF (2006:4) ao referir que a política é a obtenção de ganhos de VfM – incluindo os custos de todo o ciclo de vida – gestão de risco e a protecção do interesse público, retendo, o Estado, o controlo no fornecimento dos designados *core services*[29].

O Estado de New South Wales, beneficiando da existência de um excedente orçamental (NSWG, 2002:12), estabeleceu em 2001 também um programa de parcerias similar ao britânico, o qual designou por PFP – *Privately Financed Projects*. O objectivo do governo ficou bem expresso ao afirmar que "o desafio para o sector público e privado é determinar a

---

[29] *Core Services* – entende-se aqui como os serviços públicos que envolvem a entrega directa aos seus utilizadores ou o exercício de poder de autoridade, Ex: serviços clínicos, serviços de polícia e ensino (Sharp e Tinsley, 2005:5).

maneira mais eficiente e eficaz de fornecer serviços numa parceria que seja benéfica para ambos" NSWG (2001:1).

Encontram-se dois elementos comuns sublinhados pelos governos destes dois estados na abordagem ao mecanismo das PPP: por um lado, a responsabilidade atribuída ao governo pelo fornecimento dos *core services* e, por outro, a necessidade de adequar o modelo de parceria a adoptar às características específicas de cada projecto.

Como já referido, o Canadá é outro país com experiências implementadas em diversos sectores, embora com menor dimensão e predominantemente iniciadas no final da década de noventa.[30] O desenvolvimento das PPP enquadra-se num contexto de grandes e crescentes necessidades de investimento público para reposição e renovação das infra-estruturas do país. De acordo com a *Partnership* BC (2003-04:3), a razão apresentada para a adopção das parcerias é a de "encontrar maneiras mais eficientes e eficazes de efectuar a provisão de infra-estruturas e serviços [públicos]". Além desta justificação, também as restrições orçamentais são referenciadas como fundamento. Segundo a PwC (2005a:55), "[naquelas] duas províncias o interesse manifestado [pelas PPP] deriva da crescente necessidade de infra-estruturas económicas e sociais e das restrições orçamentais provinciais". O governo de Ontário destaca a promoção de maior eficiência económica com base na experiência passada, já que "existiram alguns projectos que incorreram em substanciais desvios no acréscimo de custos e atraso na sua realização, não contribuindo para a melhor valorização do valor dos impostos pagos pelos contribuintes" MPIR (2005:5).

2.1.2. *O caso específico do sector da saúde*

Os sistemas de saúde procuram alcançar três objectivos centrais: proporcionar melhores níveis de saúde para a população; assegurar que os cuidados de saúde respondem às necessidades e expectativas dos cidadãos/utentes e garantir um modelo de financiamento justo (WHO 2000:8).

A provisão de cuidados de saúde requer o envolvimento de um conjunto considerável de recursos que se podem agrupar segundo a

---

[30] A província de British Columbia é a que apresenta maior experiência na aplicação do mecanismo PPP, seguindo-se a província de Ontário.

sua natureza em: recursos humanos; recursos financeiros e materiais consumíveis (WHO, 2000:75). Embora todos os países, independentemente do seu nível de desenvolvimento e riqueza, necessitem de encontrar e manter um razoável equilíbrio destes *inputs*, as suas decisões de investimentos apresentam-se como críticas, uma vez que, as opções de investimento em infra-estruturas, normalmente, são decisões que envolvem e requerem avultados recursos. O seu encerramento ou redimensionamento são difíceis envolvendo ciclos de vida de 25-30 anos, requerendo ainda elevados custos de remodelação e manutenção durante o seu ciclo de vida.

Segundo Mckee e Healy (2002:7/119), os hospitais são uma componente importante nos sistemas de saúde e desempenham um papel central para alcançar os objectivos dos sistemas de saúde, sendo assim, um elemento chave no processo de reformas do sector da saúde. Quatro razões o justificam. Em primeiro lugar, os hospitais absorvem uma substancial proporção do orçamento da saúde, entre 45% a 60% em muitos países europeus. Segundo, os cuidados prestados têm um forte impacto em toda a saúde pelo facto de ocuparem uma posição de topo no sistema de saúde. Terceiro, os profissionais de saúde que trabalham em ambiente hospitalar detêm um forte estatuto profissional, e por fim os hospitais, lugar onde se aplica o desenvolvimento de tecnologia médica e farmacêutica, constituem-se como um veículo, através dos serviços que prestam, que contribui de forma significativa, para a melhoria da saúde populacional. Estes autores referem ainda que, se os hospitais forem organizados de forma ineficiente, o seu impacto positivo na saúde será reduzido ou mesmo negativo, cabendo aos governos a responsabilidade de criar as melhores condições de funcionamento e assegurar no longo prazo a sustentabilidade do sistema hospitalar.

Como primeiro passo para alcançar elevados níveis de eficiência e qualidade na prestação de cuidados de saúde é necessário assegurar que as estruturas físicas são as mais adequadas e se encontram em estado funcional. Na Europa, grande parte das estruturas físicas, nomeadamente estruturas hospitalares, foram construídas nos anos trinta e sessenta, encontrando-se em deficientes condições de funcionamento. A título de exemplo, refira-se o caso do Reino Unido onde as infra-estruturas hospitalares foram criadas durante o século XIX (Thompson e Mckee, 2004). Na Itália, a idade média das infra-estruturas hospitalares é de 65 anos e na Irlanda 75% daquelas são anteriores a 1960.

Experiências Internacionais com Parcerias Públicas-Privadas 77

Face à diversificada natureza e continuidade das alterações que ocorrem no contexto do sector da saúde, estas exercem grande pressão nas infra-estruturas em particular nos hospitais e centros de saúde, tornando-as bastante vulneráreis às novas exigências. Constituem ainda o centro das atenções do sistema, sendo pressionadas para aumentarem o seu desempenho e eficiência, em virtude dos elevados recursos financeiros que absorvem. De acordo com Mckee e Healy (2002:36/54), a natureza dessas alterações podem-se sintetizar em:

1 – Alterações do lado da procura: alterações demográficas e alteração do padrão de doenças e expectativas das populações;
2 – Alterações do lado da oferta: rápidas alterações de tecnologia e de conhecimentos clínicos, bem como da força de trabalho;
3 – Alterações de ordem social e política: pressão financeira, internacionalização dos sistemas de saúde, alterações no mercado da investigação e desenvolvimento médico.

A natureza e dimensão das alterações e suas consequências no bem-estar populacional conduzem ao reconhecimento de uma necessidade continuada de investimento, de forma a prevenir o declínio da qualidade das infra-estruturas existentes e sua adaptação às novas exigências, nomeadamente, de funcionalidade do equipamento de alta tecnologia médica.

Segundo a WHO (2000:76), a taxa de investimento em novos edifícios e equipamentos nos países da OCDE não ultrapassa os 5% da despesa total anual da saúde, sendo inferior aos níveis verificados há 15-20 anos. Contudo, as despesas globais com a saúde registaram aumentos consideráveis, passando dos 8% do PIB no final anos 90 para valores médios próximos dos 10% no início do século XXI, principalmente na Europa.

É neste contexto que as PPP no sector da saúde vêm conquistando um papel crescente no quadro do desenvolvimento de programas de investimento de construção, de reestruturação e modernização das infra-estruturas e serviços de saúde promovidos pelos governos. Um número crescente de países já optou pelo mecanismo de PPP no sector da saúde, tendo já alguns projectos de investimento na fase operacional, outros encontram-se a estudar a sua aplicação, casos da Finlândia, Grécia, Holanda, Suécia, Estados Unidos, entre outros, como se observa no Quadro 2.1. No entanto, e apesar do sector conquistar a nível internacional um lugar central nos

78   *Fundamentos e Modelos nas Parcerias Público-Privadas...*

programas de PPP e do crescente grau de experiência no desenvolvimento deste mecanismo, a quase totalidade dos projectos na área da saúde encontra-se na fase de adjudicação de contrato ou em fase de construção de infra-estruturas. Com excepção da Austrália, Canadá e do Reino Unido, que apresentam projectos em fase operacional. Embora os dois primeiros revelem um número reduzido, o Reino Unido apresenta um número considerável de projectos em fase operacional e com resultados já avaliados.

2.1.3. *A especificidade do contexto europeu*

Como se pode concluir das secções anteriores, os países europeus apresentam uma forte dinâmica no desenvolvimento de programas PPP. A especificidade do contexto europeu apresenta-se favorável a este desenvolvimento por duas razões principais: primeiro, os objectivos de promoção de progresso económico e social equilibrado, nomeadamente, através do reforço da coesão económica e social, e, segundo, os compromissos oriundos do PEC decorrente do Tratado de Maastricht.

A primeira razão enquadra-se nos objectivos do Tratado da União Europeia de promoção e reforço da coesão económica e social,[31] de forma a reduzir as disparidades observadas entre os Estados-membros. Para alcançar estes objectivos foi fixado um conjunto de acções e instrumentos, como a criação e desenvolvimento das redes transeuropeias nos sectores de infra-estruturas dos transportes (TEN), das telecomunicações e da energia, o apoio quer da comunidade através dos fundos estruturais quer do BEI, bem como por outros instrumentos financeiros[32].

Neste sentido, o Concelho Europeu convidou, em Outubro de 2003, a Comissão Europeia (CE) e o BEI a explorar formas para aumentar a mobilização conjunta do sector público e privado de forma a intensificar e apoiar o número de iniciativas que devem assistir ao desenvolvimento das PPP (EIB, 2004:2). O desenvolvimento das PPP insere-se, assim, num contexto europeu caracterizado em procurar manter um quadro macro-

---

[31] Tratado da União Europeia (TEU) – art. B do título I; art. 2.°, 3.° e n.° 1 do 3.°-A, do art. G, da parte I do título II; art. 130.°-A do título XIV da parte III.

[32] Tratado da União Europeia (TEU) – n.° 1 art. 129.°-B do título XII da parte III e art. 130.°-B do título XIV da parte III.

-económico saudável, de aceleração das reformas estruturais, no reforço do investimento na promoção do emprego e do crescimento económico, sem provocar o aumento dos défices e dívida públicos (CCE, 2003a:3-4).

Em resposta à iniciativa do Conselho Europeu, a CE e o BEI propuseram a criação de condições para formação conjunta de um quadro legal regulador, financeiro e administrativo que impulsionasse o investimento privado na realização de infra-estruturas, assim como a mobilização de fundos comunitários, alertando os Estados-membros para que continuem a centrar-se no controlo e redireccionamento da despesa pública para áreas que não aumentem os défices públicos (EIB, 2004:2). Neste sentido, o BEI destaca o reforço do financiamento através de PPP, bem como através da banca e mercados financeiros no suporte ao financiamento público e privado nos sectores prioritários, TENS e i2i[33].

A adesão dos 10 novos Estados veio reforçar as necessidades de investimento infraestrutural dentro deste enquadramento comunitário. No entanto, para que na UE sejam alcançados os objectivos de coesão económica e social bem como o aumento da competitividade e crescimento económico é necessário que as infra-estruturas e serviços públicos europeus, promovidas por cada país, sejam realizados em quantidade e qualidade. Para que tal aconteça é requerido aos governos que tenham a competência e capacidade de dimensionar e avaliar de maneira correcta, os seus investimentos em infra-estruturas e serviços públicos. Este factor conduz-nos à segunda razão, já identificada.

Com efeito, os governos europeus têm vindo a enfrentar sérias dificuldades para fazer face às avultadas necessidades de investimento público, em virtude das restrições orçamentais decorrentes das obrigações impostas pelo Tratado de Maastricht, aspecto já abordado na secção 1.3.2.1. Apesar dos Estados-membros procurarem, com a adopção de parcerias, a eficiência e qualidade na realização dos seus investimentos, a avaliação das experiências de PPP já realizadas revela que a razão principal apresentada para esta opção é do domínio financeiro.

Esta interpretação é confirmada pelo próprio EIB (2005;16) ao reconhecer que "a razão principal para a escolha das PPP foi o lançamento de programas de investimento que não teriam sido possíveis dentro dos

---

[33] Como sectores prioritários foram identificados as redes transeuropeias de transportes (TENS) e a iniciativa de inovação, 2010 (i2i).

limites disponíveis dos orçamentos públicos, por um período de tempo razoável". Identicamente, S&P (2005:18) reconhecem que as restrições orçamentais têm constituído a principal determinante para o desenvolvimento das PPP na Europa, acrescentando que "os benefícios a longo prazo, o aumento da eficiência operacional e a maior disciplina na gestão dos investimentos estão a ser tidos em consideração na avaliação dos potenciais projectos". No entanto, é reconhecido que o financiamento através de PPP pode ter, e tem tido, benefícios económicos para qualquer governo, tenha excedente ou défice público EIB (2004:4).

No espaço europeu e para além do Reino Unido destacam-se dois países, Itália e Espanha, com fortes programas de parcerias público--privadas lançados recentemente.

A Itália vem utilizando as PPP desde 1998, tendo introduzido a primeira versão de regulamentação em 1994, que ficou conhecida como a lei Merloni. Com o recurso às parcerias, adoptando inicialmente o modelo BOT[34], lançou um vasto programa de projectos de investimento em infra-estruturas dos sectores rodoviário, ferroviário e saúde (hospitais). O fundamento para o recurso às PPP parece ser as restrições orçamentais e limitações à dívida pública. Com efeito, é reconhecido em S&P (2005:19) que " o apertado quadro orçamental deverá continuar a suster o desenvolvimento das PPP em Itália".

A Espanha, de forma similar à Itália, lançou no final de 2004 um forte plano de investimento em infra-estruturas de transporte (PEIT)[35] para o período 2005-2020, em que o financiamento estimado através das PPP corresponde a cerca de 20% do investimento total. Foi ainda lançado um forte programa de investimento no sector da saúde, no subsector hospitalar, no qual o recurso às PPP se encontra incluído. Também, como refere a S&P (2005:20), "similar à Itália, as restrições orçamentais, ao nível nacional e regional [...] tem pavimentado o caminho para o desenvolvimento dos programas de PPP nas áreas das infra-estruturas sociais".

---

[34] www.utfp.it/docs/articoli/ij_italian_final.pdf, acedido em Agosto de 2006.
[35] Plan Estratégico de Infraestruturas y Transporte.

2.2. As PPP no sector da saúde: os casos do Reino Unido, Austrália e Canadá

Como foi referido anteriormente, secções 2.1.1 e 2.1.2, a utilização das PPP no sector da saúde é recente, sendo escassa a existência de estudos sobre os resultados produzidos a nível internacional. Contudo, e de acordo com os dados disponíveis, os países com maior dinamismo, experiência e com avaliações realizadas dos resultados produzidos são a Austrália, Canadá e Reino Unido. Desta forma, a caracterização das experiências internacionais das PPP no sector da saúde, de acordo com o conceito apresentado na secção 1.2.1, será centrada nos casos daqueles três países sendo, no entanto, efectuadas referências a situações específicas de experiências ocorridas noutros países.

2.2.1. *Os modelos adoptados e os seus fundamentos*

As experiências internacionais de PPP no sector da saúde começaram por utilizar diversos modelos de parceria – BOO(T), Lease--LDO e BDO – mas, desde há alguns anos a esta parte, estes têm vindo a ser substituídos pelo modelo britânico DBFO. Essa substituição tem sido realizada com adaptações à especificidade contextual de cada país, região ou província, nomeadamente, quanto à estrutura jurídica e repartição de capital entre os parceiros, formas de concepção do *Special Purpose Vehicle* (SPV), amplitude da inclusão dos serviços *Soft* e dos serviços clínicos, sendo que a maioria os exclui. Este tem-se tornado o modelo mais aplicado no subsector hospitalar da saúde.

Reino Unido:
O Reino Unido mantém uma elevada actividade de PPP no sector da saúde, sendo o sector líder em número e valor de projectos aprovados. À data de Março de 2006, encontravam-se contratados cerca de 146 afectos ao sector da saúde 29% (HMT, 2006:3-17), perfazendo o montante aproximado de €8,8 biliões correspondendo em valor a 21% dos projectos (Figura 2.1).
As PPP no sector da saúde obtiveram um impulso a partir de 1997, ano em que entrou em fase operacional o primeiro hospital em parceria – *Dartford and Gravesham Hospital* – incluído numa primeira vaga de 15

projectos. O Ministério da Saúde britânico definiu em 2000 um extenso plano de reforma e investimento do sector para o período 2000-2010, onde contempla um conjunto avultado de investimentos e infra-estruturas de saúde. Aquele inclui, como objectivos a alcançar, entre outros, 100 novos hospitais, com o aumento do parque de camas para cuidados hospitalares e intermédios e 500 novos centros de cuidados primários de saúde, de equipamento médico e melhoria dos serviços (NHS, 2000). Para a realização deste programa, o Ministério evidenciou o papel decisivo que a PPP/PFI e outros modelos de parceria têm neste plano, que envolve um montante global de investimento em PPP/PFI, nesse período, de €10 biliões. De acordo com NHS (2000:45), as novas infra-estruturas envolvem uma componente de capital público e um extenso programa de PFI, que "[incluiria] quando se achar apropriado, a renovação dos serviços primários e intermédios nacionais".

A utilização das parcerias público-privadas pelo Ministério da Saúde britânico tem como objectivo a promoção da eficiência económica. Este objectivo está expresso em NHS (1999:3) onde se afirma que "a PFI é opção chave para melhorar a qualidade e rentabilidade dos serviços públicos", já que permite transpor "as competências e experiências do sector privado para a provisão de instalações e serviços públicos [de saúde]".

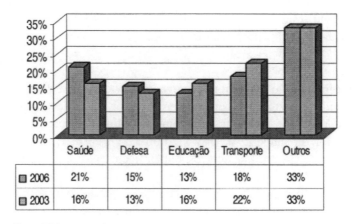

FIGURA 2.1 – **Evolução dos projectos em PPP/PFI por sector no Reino Unido**
(valor do capital investido)

Fonte: Elaboração pelo autor com base em HMT (2003:21; 2006:18)

Experiências Internacionais com Parcerias Públicas-Privadas   83

O modelo de PPP/PFI dominante no Reino Unido é o DBFO, já referido na secção 1.2.1. Contudo, no sector da saúde existe a aplicação de dois modelos de parceria: o DBFO aplicado ao subsector hospitalar, designadamente na construção e/ou modernização de grandes infra-estruturas hospitalares e serviços relacionados, e o modelo *Local Improvement Finance Trust* (LIFT) aplicado ao subsector de cuidados primários locais. O fundamento para a existência destes dois modelos parece residir num factor principal, os elevados custos de transacção que o modelo DBFO envolve, tornando inviável alcançar os benefícios que o mesmo produz em investimentos de menor dimensão. Esta razão pode ser deduzida de HMT (2003:2) quando refere que "as evidências sugerem até à data que, este [modelo de parceria DBFO] é mais apropriado em grandes e complexos projectos que envolvem elevado montante de capital e com significativa exigência de continuada manutenção", pelo que se revela inapropriado para projectos onde os custos de transacção são desproporcionados face ao *value for money* que produzem. A definição do intervalo para o valor mínimo dos projectos,[36] a partir do qual o modelo DBFO gera VfM, determina que para projectos de valor inferior àquele, outras formas de *procurement* serão mais apropriadas (HMT, 2006:32). Neste sentido, o modelo LIFT é um mecanismo mais flexível, oferecendo uma via mais rápida que o DBFO. Ao apresentar fases temporais mais curtas é apropriado para projectos mais pequenos nos quais o recurso ao modelo DBFO seria desajustado, isto porque o LIFT envolve custos de transacção mais reduzidos (HMT, 2006:42).

O modelo DBFO é caracterizado por agrupar um conjunto diverso de bens e serviços donde são excluídos os serviços clínicos (CCPPP Hospitals, 2003:35; IFSL, 2001:18; NHS, 1999:4; PUK, 2000:37).

Através deste modelo, o governo/autoridade de saúde estabelece uma parceria, durante um determinado período, com um único parceiro privado, para que este realize e preste por conta do primeiro e de forma continuada um "pacote" de bens e serviços que integram infra-estruturas físicas, equipamentos e serviços relacionados e ainda os serviços de apoio à prestação de serviços clínicos, dentro de determinadas especificações, supervisionadas e controladas pelo parceiro público. Em contrapartida, o

---

[36] O valor mínimo é de €29.000 milhões em valor de capital (HMT (2006:32).

parceiro privado recebe um pagamento único e regular durante toda a vida do contrato, definido contratualmente, no qual se inclui uma parte referente ao investimento realizado nas infra-estruturas e outra referente ao fornecimento corrente dos serviços ou de outro modo à actividade operacional desenvolvida. O sistema de pagamentos incorpora, ainda, um mecanismo de deduções decorrente das penalizações ocorridas por falhas ou deficiências no fornecimento de bens e serviços dentro dos termos e especificações inicialmente contratadas.

A Figura 2.2, a seguir exposta, apresenta as possibilidades de combinações dos bens e serviços que dominam a aplicação do modelo DBFO.

FIGURA 2.2 – Estrutura genérica do modelo DBFO

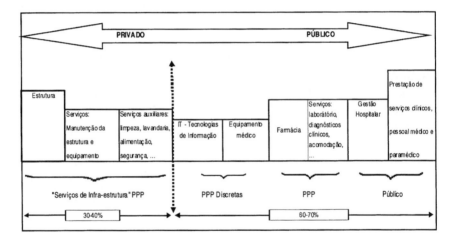

Fonte: Elaborado pelo autor com base em (CCPPP Hospitals, 2003; UTFP-CIPE, 2002:140-172).

O parceiro privado é formado por um consórcio constituído pelas entidades principais (sociedade de construção da infra-estrutura e sociedade prestadora de serviços auxiliares), responsáveis pelo fornecimento dos bens e serviços e, quando aplicável, por investidores financeiros. Este consórcio é designado por SPV. A parceria estabelecida é formalizada sob a forma de contrato entre o parceiro público e o SPV, podendo envolver ainda possíveis acordos de financiamento ou de garantias entre o parceiro público e entidades financiadoras bancárias, no

Experiências Internacionais com Parcerias Públicas-Privadas 85

âmbito do processo de discussão de modalidades de financiamento do projecto. A Figura 2.3 exemplifica o modelo genérico da estrutura contratual Britânica.

FIGURA 2.3 – **Modelo genérico da estrutura de parceria Britânica**

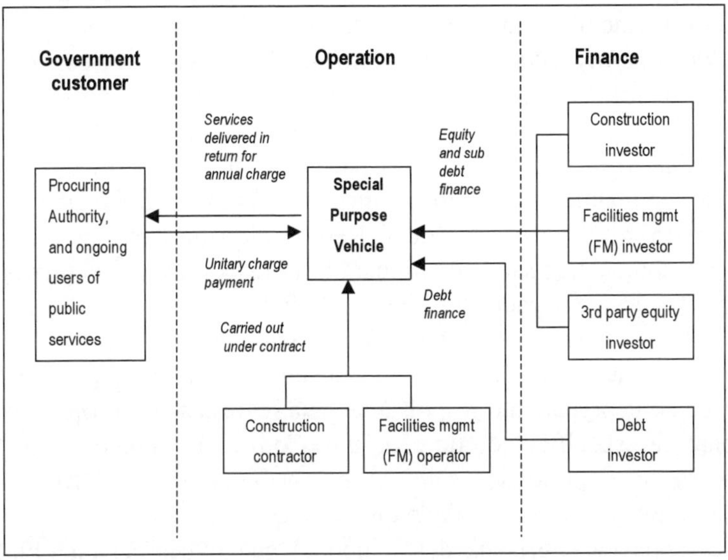

Fonte: Adaptado de HMT (2003)

Nesta estrutura, o parceiro público transfere para o parceiro privado determinados riscos, que por sua vez são distribuídos pelas diversas partes privadas participantes no projecto, usando o consórcio SPV. Desta maneira, procede-se de forma mais apropriada à afectação dos diferentes tipos de risco às partes que melhor os gerem, como a seguir se apresenta (HMT, 2003:37):

- O risco de construção (concepção, qualidade, prazo e custo de construção): afecto à empresa contratada pelo consórcio para a construção da infra-estrutura;
- O risco de qualidade, disponibilidade e de custo de prestação dos serviços: assumido pela empresa prestadora de serviços contratada pelo consórcio;

86 *Fundamentos e Modelos nas Parcerias Público-Privadas...*

- O risco de protecção e de interrupção do acordo: assumido pelas companhias de seguros;
- Riscos residuais: assumido pelo consórcio, no seu todo (por ex: riscos de crédito resultantes da situação financeira dos sub-contratados).

As duas categorias de serviços produzidas pelo parceiro privado e anteriormente mencionadas são designadas habitualmente por *Hard and Soft Facility Management* (HMF-SFM)[37]. Os serviços clínicos, também identificados por *core services*[38], não se incluem nesse "pacote" de serviços sendo a sua prestação da responsabilidade do parceiro público. Esta separação entre os serviços que são transferidos para o sector privado e os que são mantidos no sector público, vide Figura 2.2, é clara quando é referido pelo Ministério da Saúde do Reino Unido que "no sector da saúde, o serviço nacional de saúde continuará a ser responsável pela provisão de serviços clínicos aos pacientes" NHS (1999:4).

A transferência dos *soft services* e sua amplitude, como limpeza, alimentação, acomodação e portaria hospitalar, é uma responsabilidade que cabe ao departamento responsável pela realização do projecto e varia consoante a especificidade de cada um. Com efeito, como refere HMT (2006:51) "a inclusão dos *soft services* no contrato de [DBFO] é um assunto que respeita à autoridade que os adquire".

É ainda característica deste modelo que o pessoal envolvido na prestação directa dos serviços clínicos ficará afecto ao sector público

---

[37] Os serviços HFM compreendem um conjunto de actividades conexas à infra--estrutura e áreas envolventes como seja, manutenção dos edifícios e equipamentos, parques de estacionamento, manutenção de espaços verdes, recolha e tratamento de resíduos e equipamentos integrantes do edifício. Os serviços SFM integram um conjunto de actividades de apoio ao desenvolvimento dos serviços clínicos, tais como, higiene e limpeza, lavandaria, alimentação, segurança e portaria, podendo ainda incluir alguns serviços de diagnóstico clínico ou de laboratório, entre outros.

[38] Cada organismo ou entidade pública presta um conjunto de serviços que podem ser diferenciados segundo o interesse público. Assim, *core services* são definidos como aqueles que envolvem a prestação directa ao público, apresentando características de bens público puros e/ou de mérito, sendo a sua definição uma questão de competência do governo, tendo em conta os seus objectivos e políticas (Sharp e Tinsley, 2005; Riess, 2005).

Experiências Internacionais com Parcerias Públicas-Privadas 87

(NHS, 1999:4), sendo que a decisão de transferência do pessoal afecto aos serviços suporte (*Soft Services*) fica a cargo da entidade que desenvolve o projecto, dependendo da natureza específica deste.

O modelo de PPP que o governo do Reino Unido desenvolveu para o sector da saúde evidencia duas razões para a não inclusão dos serviços clínicos: a mensurabilidade dos serviços clínicos e a partilha de risco. Apesar de já abordadas no Capitulo 1, estas questões justificam alguns comentários adicionais.

a) Mensurabilidade dos serviços clínicos: Um dos elementos para promoção da eficiência é a focalização nos resultados, com a garantia de elevados níveis de segurança e qualidade dos serviços. A avaliação dos resultados, incluindo padrões de qualidade, exigem uma correcta mensurabilidade quer dos bens e serviços a produzir e fornecer, quer das condições em que devem ser realizados. A exclusão dos serviços clínicos do âmbito do contrato de parceria público-privada parece evidenciar a dificuldade na formulação e quantificação dos parâmetros de segurança e qualidade, bem como o seu controlo e monitorização. Desta forma, e caso os mesmos sejam transferidos para o parceiro privado, o parceiro público incorre em riscos superiores aos que suportaria se prestados pelo método tradicional, assumindo maiores custos e perdas de eficiência. Para o reforço desta conclusão contribui HMT (2003:33) quando refere que "o sector público retém certos riscos que já suportava no método tradicional de aquisição, como seja o risco de procura ou o risco que não tem adequada avaliação quanto aos requisitos".

b) Partilha de Risco:
A partilha de risco constitui um pressuposto crítico para a verificação de existência de uma PPP que crie eficiência. O governo, ao transferir para o parceiro privado determinados riscos e retendo outros, efectua essa transferência segundo o princípio daquele que melhor o gere, isto é, afecta a cada um dos parceiros o tipo de risco que cada um está mais habilitado a gerir, como abordado nas secções 1.3.1.1 e 1.3.1.3. Neste sentido, e no que respeita aos serviços clínicos, parece que o governo do Reino Unido considera que os serviços clínicos são melhor geridos pelo sector público, mantendo sob sua responsabilidade directa a produção e prestação desses serviços aos cidadãos. Esta apreciação é confirmada quando HMT (2003:3-4) considera que "os riscos chave são retidos em projectos de

investimento promovidos pelo sector público em ambos os mecanismos quer o tradicional quer por via da PPP", acrescentando ainda que sendo melhor geridos pelo sector público a sua transferência "não seria viável/ /exequível ou não oferecem VfM para o sector público". Para o governo britânico, a retenção dos serviços clínicos por parte do Estado, assegura melhor a defesa do serviço público de saúde.

No processo de partilha de risco encontram-se vários tipos de risco, constituindo um deles o elemento motriz entre a transferência de risco e a obtenção de ganhos de eficiência, o risco de procura, como foi abordado na secção 1.3.1.3.

O risco da procura: Os ganhos de eficiência económica no modelo DBFO não se obtêm apenas pela avaliação de uma só fase do ciclo de vida do projecto, mas sim pela avaliação de todo o ciclo de vida do projecto de investimento. Ora, o período de vida contratual típico deste modelo de parceria situa-se nos 25-30 anos, o que atribui um elevado grau de rigidez ao contrato. Durante este período, existe elevada probabilidade de ocorrer mudanças na procura, quer de actos médicos e de alterações populacionais, quer nos equipamentos e tecnologias médicas e de processos clínicos, tornando-se difícil definir estimativas e ajustes a longo prazo.

Os factores anteriormente referidos não conferem segurança ao parceiro público quanto à obtenção, através da PPP, de ganhos de eficiência pela transferência do risco da procura para o sector privado, por duas razões. Primeiro, porque a necessidade de definir a quantidade e qualidade de serviços clínicos a prestar por este último, apresenta-se de difícil determinação e, segundo, perante a reduzida flexibilidade que os contratos de parceria incorporam, no caso de ser necessário realizar alterações não contempladas neles, o sector público tem que efectuar pagamentos adicionais aos estipulados, tal como efectua pelo processo tradicional, e assim gera perdas avultadas. Desta forma, o risco de procura é retido pelo governo britânico/NHS Trust, como prova HMT (2003:33/38) quando refere que "o sector público retém certos riscos que já suportava no método tradicional de aquisição, como, risco de procura ou o risco que não tem adequada avaliação quanto aos requisitos" sendo importante para "o sector público reter flexibilidade no fornecimento de serviços [...] para gerir eficientemente tais mudanças".

Como já se referiu, o segundo modelo de parceria público-privada utilizado no Reino Unido, no sector da saúde, é o LIFT. Trata-se de uma

Experiências Internacionais com Parcerias Públicas-Privadas 89

PPP entre entidades públicas e entidades privadas nacionais e locais criada no ano 2000. É um modelo similar ao DBFO, mas adaptado aos serviços de cuidados primários de saúde locais procurando integrar numa mesma infra-estrutura física um conjunto diverso de serviços, como seja: farmácias, dentistas, enfermagem, terapeutas, obstetrícia, serviços ópticos, entre outros, e cuja prestação seja realizada com elevados níveis de eficiência e eficácia (HMT, 2003:101;NAO, 2005b:10). Neste caso, os projectos de investimento, que são de reduzida dimensão[39], são desenvolvidos segundo um plano de prioridades estratégicas locais.

A estrutura contratual do modelo LIFT – Figura 2.4 – baseia-se numa relação contratual de longo prazo, 20 anos, sendo estabelecida sob a forma de *Joint Venture* Local (LIFTCo).

Esta LIFTCo é formada por três tipos de entidades: a *Joint Venture* Nacional, designada por *Partnerships for Health (PfH) e* formada por parceria entre o Ministério da Saúde e a *Partnerships* UK; por parceiros locais, seleccionados após concurso e constituídos por representantes locais dos sectores económico e da saúde, entre outros; entidades privadas nacionais e/ou locais. A LIFTCo realiza e financia o investimento em infra-estruturas, garante os serviços conexos a estas e presta serviços de apoio aos utilizadores das instalações. Sendo as infra-estruturas de sua propriedade, aquelas são arrendadas aos inquilinos que por sua vez prestam serviços à comunidade local.

A selecção e avaliação dos projectos têm por base objectivos de eficiência económica. O VfM dos projectos LIFT, da mesma forma que no modelo DBFO, necessita de ser avaliado e julgado na base dos custos e qualidade dos bens e serviços que integram o projecto, durante todo o seu ciclo de vida (custos de construção, de manutenção e de fase operacional). É ainda tido em conta em que medida são alcançados diversos objectivos: prioridades locais de saúde; prazo e custos orçamentados; qualidade estrutural e funcional; entre outros (NAO, 2005b:22).

Este modelo apresenta duas vantagens principais face a outras formas de aquisição tradicional pública: a hierarquização dos projectos

---

[39] O LIFT é aplicado a projectos de investimento que tenham um valor inferior a €29.000 milhões. À data de Julho 2003, o valor médio de cada projecto investimento realizado era de €8 milhões. O governo do Reino Unido fixou um programa de investimento, entre 2000 e 2010, recorrendo ao mecanismo de parceria LIFT, cujo montante global se situa nos €1,5 biliões (HMT, 2003:101; 2006:4; NAO, 2005b:2).

em consonância com as prioridades estratégicas locais e a libertação do sector público para se concentrar na actividade *core* de saúde, em virtude do sector privado assegurar, com os seus conhecimentos especializados e experiência, os outros serviços considerados auxiliares (NAO, 2005b:23). Porém, apresenta também algumas limitações sendo que exige uma área de influência populacional mínima entre os 300 e as 500 mil pessoas. Este mínimo populacional constitui a dimensão da procura mínima de serviços necessária para garantir a viabilidade da LIFTCo durante um período de 20 anos de parceria.

Segundo HTM (2006:41), este modelo apresenta duas diferenças principais face ao modelo DBFO:

- A parceria local não é uma SPV, mas uma *Joint Venture*;
- Existe a nível nacional uma organização da gestão do programa global em que é dado apoio à parceria local pela PfH, enquanto o DBFO são projectos isolados geridos pelas autoridades de saúde com apoio limitado.

FIGURA 2.4 – Estrutura da Parceria Público-Privada LIFT

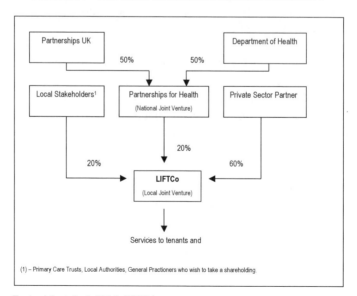

Fonte: Adaptado de NAO (2005b)

Austrália:

A Austrália iniciou as parcerias público-privadas no sector da saúde aplicando diversos modelos, embora com predomínio para o BOO(T)[40]. Como referido na secção 2.1.1, também no sector da saúde o recurso às PPP evoluiu em duas fases. Inicialmente, através deste modelo, pretendeu--se transferir o máximo de risco para o parceiro privado, transferindo a responsabilidade de construção, financiamento, de propriedade e da gestão da infra-estrutura hospitalar, os serviços de apoio à prestação de serviços clínicos e os próprios serviços clínicos. A relação contratual é estabelecida por um período de 15-20 anos existindo, no final, a possibilidade de reversão ou não da infra-estrutura para o sector público.

Neste modelo, o governo adquire ao parceiro privado os serviços clínicos, os quais são prestados a todos os utentes do hospital. O pagamento é efectuado com base no modelo *casemix* (ARGC, 2000:64), composto por duas componentes: um valor fixo por pessoa, para um determinado número estimado de utentes durante o contrato (capitação); um montante fixo referente a despesas de manutenção do hospital. O pagamento só é efectuado após entrada em funcionamento do hospital, incorporando também um sistema de penalização por não cumprimento dos parâmetros contratualmente estabelecidos. O governo, neste caso, não garantiu qualquer nível de retorno ao parceiro privado (CCPPP Hospitals, 2003; Maguire e Malinovitch, 2004; Taylor e Blair, 2002).

Para melhor compreensão do enquadramento do modelo descrito, deve-se referir que a Austrália possui um sector privado de cuidados médicos, desde clínicas a hospitais, bastante desenvolvido e com elevada experiência (CCPPP Hospitals, 2003:55), bem como um sistema de controlo da qualidade hospitalar.

O ano 2000 constitui o momento em que se inicia a segunda fase de desenvolvimento das PPP, em que o governo do Estado de Victoria altera a política governamental para o estabelecimento de programas de PPP na provisão de infra-estruturas e serviços conexos e ainda os serviços de apoio à prestação de serviços clínicos. Essa alteração visou passar de uma visão meramente de política financeira, com a procura da minimização do

---

[40] Este modelo foi aplicado em 15 hospitais de todo o país (Taylar e Blair, 2002), sendo os casos mais conhecidos os hospitais La Trobe e Mildura no Estado de Victoria. Ambos entraram em funcionamento no final do ano 2000, tendo o processo início no ano de 1995.

92   *Fundamentos e Modelos nas Parcerias Público-Privadas...*

risco para o parceiro público, para o recurso às PPP como instrumento que permitisse alcançar VfM, ou seja, que possibilitasse aumentos de eficácia e eficiência assentes na defesa do interesse público através de uma mais adequada transferência de risco entre parceiros (English, 2005).[41] Dessa alteração emergiu um novo modelo que segue o DBFO em tudo similar ao modelo britânico, pois também exclui, no subsector hospitalar, a prestação de serviços clínicos. Como refere DTF (2006:5), o governo "detém o controlo directo de certos *core services* públicos onde tem particular responsabilidades no acesso pela comunidade, por exemplo cuidados de saúde hospitalares".

O governo de Victoria definiu ainda que a selecção dos projectos seria efectuada de acordo com a obtenção da eficiência económica de cada um, referindo que esta será alcançada pela avaliação do VfM. Avaliação essa, que é realizada através da análise dos custos de todo o ciclo de vida do projecto, da gestão de risco e protecção de interesse público, sendo que a escolha do método ou mecanismo para a provisão, dos projectos, não é único. É ainda referido que o recurso às PPP seria mais vantajoso para projectos mais complexos e sempre que ultrapassem os €33-65 milhões[42] (DFT, 2006:8). Verifica-se assim que, apesar de definir um intervalo financeiro para o uso de PPP, não identifica um modelo específico e único (p.9). No entanto, pode-se deduzir que, os modelos de parceria variam entre o DBFO ou o BOO(T) e que no caso do subsector hospitalar seria preferencialmente o primeiro. Com efeito, esta conclusão é evidente quando se refere que "o DBFO será usado nas instalações hospitalares onde o governo provisiona serviços de saúde e o sector privado provisiona serviços auxiliares, por exemplo, limpeza e segurança" (*Ibidem*). Exemplos deste modelo são os novos hospitais Berwick Community Hospital, Casey Community Hospital e Royal Women`s Hospital (English, 2005; PwC,2004; PV, 2006).

Esta mudança do modelo BOO(T) para DBFO parece decorrer, de entre outras causas, do fraco desempenho e falhas do modelo anterior,

---

[41] Nesta mudança inclui-se um conjunto mais elaborado e complexo de procedimentos de planeamento, avaliação e decisão dos investimentos com recurso às PPP, como meio de garantir uma melhor avaliação global ao nível eficiência económica, da qualidade dos serviços e do impacto social. Introduziu-se, por exemplo, o indicador ou teste de interesse público – *public sector comparator* (PSC).

[42] Cotação utilizada, €1=$1,50.

Experiências Internacionais com Parcerias Públicas-Privadas 93

nomeadamente, na protecção do interesse público e eficiência, pelo facto de ter ocorrido deficiente partilha de risco entre parceiros, procurando o governo transferir para o parceiro privado o máximo de risco[43]. Mas, nem todas as experiências com o anterior modelo produziram resultados negativos, pois o hospital Mildura tem registado bons resultados (CCPPP Hospitals, 2003; Taylor e Blair, 2002).

Se na Austrália os modelos de parcerias são diversos, verifica-se que alguns dos seus Estados já iniciaram a adopção do modelo DBFO, caso do Estado de *New South Wales,* que adoptara o modelo BOOT desde 1992 e onde *Port Macquarie Base Hospital* é um exemplo. Neste hospital, o contrato de parceria previa a construção do hospital público, produção e fornecimento de todos os serviços auxiliares e prestação de serviços clínicos pelo parceiro privado, sendo os pagamentos efectuados anual-mente com base nos serviços prestados. Por outro lado, o *Mater Hospital Newcastle* é o primeiro exemplo de modelo DBFO, onde a prestação dos serviços clínicos é mantida e efectuada sobre a responsabilidade da autoridade pública (PwC, 2005b:104). Apesar dos modelos diversos, nas PPP, no sector hospitalar, existe evidência de que destas se estão a excluir os serviços clínicos, como referem Sharp e Tinsley (2005:5) "na maioria das jurisdições, a provisão privada de serviços é limitada aos serviços públicos não *core*".

Canadá:
No Canadá, as PPP na saúde evidenciaram um forte e rápido desen-volvimento nas províncias de British Columbia e Ontário. As experiências realizadas e em desenvolvimento nestas províncias, centram-se no forne-cimento da infra-estrutura física e serviços conexos, excluindo-se os serviços clínicos. O modelo de PPP adoptado em instalações hospitalares é o DBFO, garantindo serviços seleccionados não clínicos (CCPPP Hospitals, 2003:25).

No Canadá é expressiva a referência dada pela comissão canadiana de PPP[44] na utilização de modelos de parceria no subsector hospitalar,

---

[43] Para uma análise mais detalhada ver, por exemplo, CCPPP Hospitals (2003), Fitzgerald (2004), HA&FS (2005), Maguire e Malinovitch (2004) e PAEC (2003).

[44] Commission on the Future of Health Care in Canada, p. 7, www.pppcouncil.ca/sectores_partnershipsppp.asp

com exclusão dos serviços clínicos constituindo uma via alternativa à aquisição de infra-estruturas físicas e serviços não clínicos no sector da saúde.

Na província de British Columbia o caso mais conhecido é o do Abbotsford Hospital and Cancer Centre, em que o parceiro público produz e fornece os serviços clínicos e o privado concebe, financia, constrói e gere a infra-estrutura e fornece serviços conexos (Partnerships BC Annual Report, 04-05: 34).

Também o governo da província de Ontário manifesta a mesma posição ao afirmar que "o governo está empenhado em manter os serviços públicos *core* como os hospitais [...], sob controlo e propriedade pública"[45], onde o Royal Ottawa Hospital constitui um exemplo.

Mais uma vez, a principal razão para a não inclusão dos serviços clínicos prende-se com a defesa e protecção do interesse público, ficando o governo responsável pela produção e fornecimento directo desses serviços aos utentes. Como é referido pelo governo de Ontário, o interesse público é supremo, sendo este assegurado através da existência de um apropriado controlo/propriedade pública, de forma a que seja garantido o fornecimento de serviços de alta qualidade e de acesso universal (Renew Ontário, 2005:6). Parece, assim, que se encontra estabelecido que a melhoria da prestação de cuidados clínicos no Canadá é melhor assegurada pelo sector público. Com efeito, e como é referido em (MMABC, 1999:5), "em todos os casos, o governo assume a responsabilidade pelo fornecimento de serviços de forma a proteger e alcançar o interesse público".

Na província de *British Columbia,* e para além da utilização das parcerias no subsector hospitalar, também se encontra em desenvolvimento um modelo de PPP destinado ao subsector de cuidados primários de saúde, similar ao modelo britânico, e designado por *Strategic Partnering Agreement* (SPA). Este modelo de parceria envolve uma entidade privada, designada por *Strategic Partner* (SP), e a autoridade local de saúde[46]. A SPA é vocacionada para o desenvolvimento, construção, manutenção e gestão da infra-estrutura de cuidados primários, incluindo a prestação de alguns serviços auxiliares, sendo as instalações dos centros saúde, arren-

---

[45] MPIR – www.pir.gov.on.ca – acedido em Agosto de 2006.

[46] O primeiro projecto piloto encontra-se em curso em Vancouver, sendo a autoridade local a *Vancouver Coastal Health Autority* (VCHA).

Experiências Internacionais com Parcerias Públicas-Privadas 95

dadas ou locadas em contrato de longo prazo, 20 anos, à autoridade local de saúde. O primeiro projecto de centro de saúde local, Gordon & Leslie Diamond Health Care Centre – AACC, foi lançado a concurso no ano de 2006[47].

2.2.2. *A função de regulação do Estado*

Como se afirmou anteriormente, o contexto onde as PPP são desenvolvidas apresenta-se como um elemento condicionante do seu sucesso ou insucesso. Tratando-se de um mecanismo que apresenta uma estrutura complexa deve estar suportado por um enquadramento legal que compreenda o enquadramento no ordenamento jurídico e a criação de uma entidade reguladora, onde estejam previstos instrumentos de regulamentação contratual. A forma e amplitude com que estes elementos são implementados são influenciadas pela especificidade do ordenamento jurisdicional de cada país.

Das experiências analisadas, em que o modelo de parceria dominante no sector da saúde é o DBFO com exclusão dos serviços clínicos, constata-se que o Estado actua por duas vias. Uma indirecta, através da regulação, e outra directa produzindo e disponibilizando ele próprio os cuidados de saúde – serviços clínicos.

Ao nível da actuação indirecta, verifica-se que é comum nos países com maior desenvolvimento das PPP o papel relevante desempenhado pelo governo através da regulamentação contratual, criando estruturas próprias e especializadas capazes de gerir as PPP, como meio de regulação, sendo o Reino Unido o exemplo mais desenvolvido. Neste, a dinâmica de desenvolvimento das PPP encontra-se centralizada numa unidade específica integrada no governo e na dependência do Ministério das Finanças.

Nos países analisados, a utilização das PPP como meio de alcançar maior eficiência, constitui uma forma de regulação indirecta do Estado, que procura minimizar os fracassos de mercado subjacentes às parcerias. Essa regulação é exercida via regulamentação contratual das PPP. Na celebração de acordos contratuais de parcerias é definido um conjunto de

---

[47] Partnerships British Columbia – www.partnershipsbc.ca.

96 *Fundamentos e Modelos nas Parcerias Público-Privadas...*

indicadores e critérios técnicos, como sejam, por exemplo, a capacidade instalada de produção, qualidade de bens e serviços, resultados a alcançar, informação a disponibilizar e acesso dos utentes. Ora, estes indicadores são avaliados através da monitorização contratual e por uma fixação de padrões técnicos, da emissão de recomendações e *guidelines* bem como da fixação de penalidades. Assim, a regulação indirecta é intrínseca à regulamentação contratual. Utilizando o conceito definido por Ferreira (2004), diminuem-se os fracassos de mercado reduzindo-se os fracassos contratuais.

No Reino Unido, foi criada em 1997 no Ministério das Finanças a unidade *Taskforce Treasury*, constituindo-se como o ponto central para o desenvolvimento das actividades PPP/PFI, substituída pelo *Office of Government Commerce* (OGC) em 1999. Esta unidade foi a responsável pela introdução e desenvolvimento de conhecimentos especializados e experiências em PPP/PFI, na definição de prioridades dos programas de investimento e sua sujeição ao mecanismo de PPP/PFI, na avaliação de investimentos, definição dos termos contratuais e de processos de negociação contratual[48].

Posteriormente, o governo britânico promoveu uma rede de unidades destinadas à disseminação e avaliação do mecanismo de PPP/PFI e à formação de recursos humanos a nível dos departamentos governamentais. Foi ainda considerado como vital para o sucesso das parcerias a existência de conhecimentos especializados e experiências sólidas no sector público capazes de gerir este complexo e novo sistema contratual.

Neste sentido, foi constituída a Partnerships UK – *Joint Venture,* de interesse público – com vista a assessorar as entidades públicas e a monitorizar programas de PPP. Para os projectos de nível local foi criado a *Public Private Partnerships Programe* (4Ps) com funções de assessoria bem como a unidade interdepartamental *Project Review Group* (PRG) destinada exclusivamente à avaliação dos projectos das autoridades locais. Para a política de cuidados primários, a nível local, foi formada a *Partnership for Health*, já anteriormente descrita, com o objectivo de desenvolver programas de investimento, contratos padronizados e criar equipas especializadas para assistência às autoridades locais.

---

[48] Através desta unidade, o governo emitiu directivas, notas técnicas, *case studies,* entre outros, referentes ao processo de contratualização a adoptar (Allen, 2001).

Experiências Internacionais com Parcerias Públicas-Privadas   97

Os próprios ministérios criaram as suas unidades especializadas de PPP internas, de forma a melhor definir e avaliar quer a definição de programas de investimento, quer a avaliação e monitorização dos próprios projectos PPP/PFI (HMT, 2003).

O processo de monitorização externa é realizado quer pelo governo, quer por outras entidades independentes, nomeadamente, do *National Audit Office* (NAO), responsável pela avaliação, elaboração de relatórios e recomendações, realização de auditorias e revisão dos projectos contratualizados[49].

Verifica-se que no sector da saúde, a monitorização e controlo das cláusulas contratuais são efectuadas por equipas independentes pertencentes à autoridade de saúde NHS Trust e ao consórcio SPV, podendo haver casos em que o trabalho é realizado por equipas conjuntas (HMT, 2003; NAO, 2002,2005a,b; PUK, 2006).

O governo britânico dentro da sua função de regulação – procurando assegurar a eficiência económica, a melhoria de qualidade dos serviços e a defesa do interesse público – intervém de forma indirecta nos seguintes elementos:

- Gestão do risco, emitindo notas técnicas interpretativas e vinculativas de apoio aos diversos órgãos públicos na avaliação de projectos (por exemplo: definição de taxa desconto, regras e procedimentos na avaliação do comparador público);
- Concepção e qualidade de construção, emitindo o manual técnico elaborado pelo *Commission for Architecture and the Building Environment* (CABE) de forma assegurar uma efectiva qualidade e inovação destes;
- Avaliação da natureza e mensurabilidade dos bens e serviços que podem ou não ser transferidos para o sector privado, procurando evitar falhas de mercado;
- Criação e desenvolvimento de novas soluções financeiras que possam ser aplicadas nos projectos, de forma a criar condições para gerar contestabilidade no mercado financeiro aumentando a participação, deste, nas parcerias.

---

[49] Existe ainda o *Public Accounts Committee* (PAC) que produz relatórios com recomendações resultantes das auditorias que realiza.

98   *Fundamentos e Modelos nas Parcerias Público-Privadas...*

Ainda dentro da intervenção indirecta existe um conjunto de elementos, decorrente da sua acção reguladora e de monitorização contratual, dos quais se destacam (HMT, 2003:[50]):

- Lançamento de código de boas práticas pelo Ministério da Saúde, constituindo-se como manual a seguir nos processos contratuais, de forma a melhorar a transparência;
- Introdução de cláusulas de flexibilidade contratual, decorrentes de alterações nas instalações e/ou serviços, nas tecnologias da saúde e nos equipamentos médicos, ou ainda, de alterações da procura e/ou de avanços nas técnicas de medicina que ocorram durante a vida do contrato;
- Manual com definição do enquadramento e parâmetros a respeitar no design e qualidade de construção de hospitais e centros de cuidados primários de saúde, *"The Design Brief Framework for PFI Public Sector Comparators at OBC Stage"*. Objectivo, procura de melhoria de eficiência e qualidade dos edifícios.
- Garantia da aplicação das regras do acordo *Statement of Practice on Staff Transfers in Public Sector*. O acordo concede ao pessoal, que no âmbito de um projecto de PPP/PFI seja transferido do sector público para o privado, as mesmas condições que detinham antes da transferência. Inclui também regras para as novas admissões, estabelecendo condições semelhantes às praticadas para com o pessoal existente, em termos de pensões e remunerações, evitando criar duas classes de trabalhadores.

Constata-se nas experiências observadas que para além da intervenção indirecta, o Estado intervém pela via directa procurando assegurar o interesse público através da sua presença na produção e fornecimento directo dos serviços clínicos de saúde aos utentes e população em geral. A intervenção directa depende do modelo adoptado, sendo que nos modelos observados o Estado procura garantir, através da sua presença directa, a permanente disponibilidade de serviços, segundo as necessidades dos utentes, qualidade, equidade e universalidade de acesso aos serviços clínicos.

---

[50] Department of Health – www.dh.gov.uk

Experiências Internacionais com Parcerias Públicas-Privadas 99

Como já anteriormente foi referido, parece que o Estado, nos países analisados, efectua a transferência de risco, nas PPP na saúde, respeitando o princípio do parceiro que melhor o gere. É assim assumido que quem melhor gere os serviços clínicos é o parceiro público. A existência de um conjunto de dificuldades específicas do sector da saúde dificulta que os serviços clínicos sejam tratados como os restantes bens e serviços suporte e transferidos para o parceiro privado.

Sintetizando, a função de regulação do Estado nos casos analisados é efectuada por um conjunto misto de entidades e não por uma única, em que é exercida uma regulação económica através da redução dos fracassos de mercado e uma regulação social através da presença directa do Estado na produção e fornecimento de bens e serviços clínicos.

2.2.3. *Breve discussão dos resultados alcançados*

A experiência internacional no uso das PPP é diversa pelo que deve ser vista à luz do contexto específico de cada país, na medida em que são mecanismos não padronizados, mas desenvolvidos à medida das necessidades e especificidades de cada um. A comprovar esta realidade é a inexistência de um conceito ou definição única e universal de PPP (EIB, 2005; PwC, 2005a).

Até à data não abundam estudos sobre a avaliação dos projectos em PPP. A maioria dos estudos realizados demonstra que os ganhos de eficiência produtiva nos projectos em PPP resultam, essencialmente, de ganhos associados à fase operacional de construção, sendo certo que os ganhos associados aos projectos devem ser avaliados no seu todo, ou seja, durante todo o ciclo de vida do projecto. O Quadro 2.2 revela os resultados alcançados com a experiência Britânica.

100 *Fundamentos e Modelos nas Parcerias Público-Privadas...*

QUADRO 2.2 – Ganhos de eficiência obtidos durante a fase de construção no Reino Unido

	Experiência PPP/PFI		Experiência Pública
	(Relatório NAO)*	(Relatório HMT Treasury)**	Via Tradicional***
Dentro do Prazo Fixado	78%	88%	27%
Dentro do Orçamento Fixado	70%	70%	30%

Fonte: Elaborado pelo autor com base em HMT (2003) e NAO (2003)

Notas: * A amostra dos projectos, objecto de avaliação no relatório, é de 37 terminados no 1.º semestre de 2002.
** Amostra dos projectos, objecto de estudo no relatório, é de 61 terminados à data de Setembro 2002, do universo de 451 projectos operacionais.
*** Dados do relatório governamental, Benchmarking the Government Client Stage Two Study à data de Dezembro de 1999.

Como se pode verificar no quadro acima exposto, o recurso às PPP contribui de forma significativa para o aumento da eficiência. Enquanto os projectos de investimento realizados pela via tradicional são terminados dentro do prazo numa percentagem de 27%, os realizados com recurso às PPP apresentam uma taxa entre os 78-88%. No que se refere ao cumprimento do orçamento, as taxas são 30% e 70% respectivamente.

Outros estudos, ainda referentes ao Reino Unido, estimam a obtenção de uma poupança média nos custos na ordem dos 17% comparativamente ao modelo tradicional praticado pelo sector público (LSE, 2000:3)[51]. Alguns estudos integram a avaliação do factor qualidade nos aspectos de concepção e construção das infra-estruturas evidenciando taxas de 73% nas respostas de "muito bom" ou "bom", enquanto as respostas de adequado apresentam taxas de 27% (NAO, 2003).

Para projectos europeus avaliados pelo EIB (2005:4) conclui-se que "os projectos foram largamente completados dentro do prazo fixado, dentro do orçamento fixado e de acordo com as especificações definidas".

---

[51] Nos projectos de infra-estruturas escolares e hospitalares, os níveis de poupança situam-se abaixo dos 10%. Tal deve-se à maior complexidade que a construção destas infra-estruturas envolvem.

Experiências Internacionais com Parcerias Públicas-Privadas 101

As PPP na saúde ainda são um fenómeno recente, sendo ainda mais escassos, até à data, os estudos realizados que permitam efectuar uma avaliação conclusiva sobre a utilização deste mecanismo e seus resultados. O longo período que decorre entre o início da publicação do concurso no Jornal Oficial da União Europeia (JOUE) e a entrada em funcionamento de um hospital chega a ultrapassar os 5 anos, incluindo os 3-4 de construção. Este facto contribui para a escassez de estudos (HMT, 2003:50).

No Reino Unido apenas existem três estudos realizados e publicados pelo NAO[52], apesar de existirem 25 hospitais em fase operacional de exploração, sendo que a maioria destes se encontra em funcionamento à cerca de 3 a 5 anos. Na Austrália existe o estudo dos casos Mildura Hospital e *La Trobe Hospital*[53].

Os resultados produzidos pelas experiências em PPP desenvolvidas no sector da saúde revelam os seguintes dados (Ernst & Young, 2002; HMT, 2003, 2004, 2006):

- Elevada taxa de execução dentro do prazo e orçamento previsto, comparativamente com o modelo tradicionalmente desenvolvido pelo governo[54];
- Verifica-se que as novas instalações permitem efectuar mudanças de requisitos na prestação de serviços clínicos dando maior eficácia aos cuidados de saúde;
- O sucesso de gestão e operação efectiva no longo prazo de projectos hospitalares em PPP depende muito da combinação dos serviços especificados no contrato e da transferência de risco entre parceiros. É crucial definir quais os serviços core a prestar dentro de cada projecto dadas as suas necessidades específicas, devendo-se evitar a diversidade de serviços a prestar;
- O interesse público no sector da saúde é melhor defendido através da prestação directa pelo Estado dos serviços clínicos. Cinco fac-

---

[52] À data de Maio de 2006, apenas existiam os estudos dos hospitais *Darent Valley Hospital, West Middlesex University Hospital* e *Norfolk and Norwich Hospital*.

[53] Para uma análise destes dois estudos consultar CCPPP Hospitals.

[54] Quando existem atrasos ou desvios orçamentais muitos devem-se à intervenção da autoridade de saúde durante a fase, de construção e na introdução de alterações de design da infra-estrutura.

tores fundamentam esta posição: dificuldade de mensurabilidade, de controlo de qualidade, de avaliação dos resultados, rápidas mudanças na envolvente do sector da saúde e garantia de sustentabilidade na continuação da prestação de serviços clínicos;

- O desempenho na fase operacional dos projectos, evidência a necessidade de manutenção e participação das equipas, de ambos os parceiros, que estiveram envolvidas nos processos de contratualização dos projectos;
- O sistema de pagamento e regime de desempenho, com o mecanismo de penalizações, encontram-se a funcionar de forma satisfatória, constituindo as deduções um incentivo à melhoria do desempenho do parceiro privado;
- Nos casos em que ocorreram mudanças de parceiros no SPV, estas tiveram pouco impacto no desempenho operacional dos projectos;
- A insuficiente partilha de informação leva a que o parceiro público tenha grandes custos no estabelecimento da sua própria rede de informação, ou seja, existência de assimetria de informação;
- A necessidade de envolvimento do pessoal clínico no processo inicial de concepção do projecto.

As experiências mostram, ainda, que existem três áreas chave que apresentam dificuldades, exigindo que o parceiro público decida pela sua inclusão ou não no contrato de PPP: o equipamento móvel e acessórios médicos, os sistemas *Information Management Technology* (IM&T) e serviços auxiliares.

Os resultados verificados permitem evidenciar os seguintes aspectos:

a) Quanto ao equipamento móvel e acessórios médicos: a maioria dos contratos de investimento abrangem os equipamentos fixos não móveis, mas apenas um pequeno número de projectos contêm a inclusão de equipamento médico móvel e acessórios principais. As razões apontadas para este facto prendem-se com dificuldades: de quantificação de todo o equipamento necessário, com uma antecedência de 3-4 anos antes do edifício hospitalar estar concluído; de compilar detalhadamente todas as especificações que permitam estabelecer um preço para o equipamento e determinar o VfM do mesmo.

Experiências Internacionais com Parcerias Públicas-Privadas 103

b) Quanto aos sistemas de IM&T: constata-se, também, que é reduzido o número de contratos de projectos que englobam estes equipamentos. As razões são semelhantes às anteriores, mas acrescidas do facto destes equipamentos, dada a sua complexidade, requererem a sua integração numa plataforma global de informação do sistema de saúde e apresentarem elevada propensão para a obsolescência tecnológica durante o ciclo de vida do contrato de PPP. A sua introdução no contrato significa um elevado nível de risco contratual, em virtude de exigirem frequentes alterações contratuais, não sendo atractivo para ambos os parceiros. Assim, é negociada a sua aquisição separadamente do contrato de infra-estrutura, estando, no entanto, toda a estrutura de cablagem necessária ao seu funcionamento incluída no contrato de PPP. Sendo este equipamento crítico para os serviços e decisões clínicas, quando se opta pela sua inclusão no contrato de parceria deve-se ter especial atenção com o período de responsabilidade, a afectação de risco e o mecanismo de penalidades nos pagamentos.

c) Por último, e no que se refere aos serviços SFM: estes encontram-se incluídos em quase todos os contratos e representam entre 40-50% dos pagamentos anuais dos contratos de parceria na saúde. A sua inclusão é determinada pela capacidade de proporcionarem VfM.

Relativamente a estes últimos serviços, no ano de 2004, foi realizado um estudo de avaliação comparativa referente aos serviços de limpeza nos hospitais britânicos e cujos resultados se expõem no Quadro 2.3. Este estudo mostra a similaridade dos serviços referindo que têm permanecido consistentes em ambos os tipos de hospitais[55].

---

[55] Existe também no estudo uma referência aos serviços de alimentação cujos resultados verificam o mesmo desempenho que os atingidos nos serviços de limpeza.

104 *Fundamentos e Modelos nas Parcerias Público-Privadas...*

**QUADRO 2.3 – Pontuação comparativa dos serviços de limpeza hospitalar
no Reino Unido**

2004	Inaceitável	Fraco	Aceitável	Bom	Excelente
Todos os Hospitais	3(0,5%)	24(2%)	583(49%)	456(38,5%)	118(10%)
Hospitais PPP	0	0	12(46,2%)	11(42,3%)	3(11,5%)

Fonte: Adaptado de HMT (2206:51)

Sendo que, até à data, as PPP demonstram o seu maior sucesso no fornecimento de instalações de qualidade dentro dos prazos e orçamentos estipulados, colocam-se, no entanto, alguns desafios aos projectos realizados sob parceria e que serão testados ao longo do ciclo de vida dos contratos. Desses destacam-se a capacidade de inovação do parceiro privado e a flexibilidade contratual das parcerias. Em relação ao primeiro, o desafio é saber num contrato de 30 anos até que ponto o sector privado tem a capacidade de inovação para construir edifícios hospitalares com concepção e flexibilidade que demonstrem capacidades de adaptação às mudanças futuras. Quanto ao segundo, coloca-se o problema, na saúde, de estabelecer suficiente flexibilidade contratual sem que sejam perdidos os benefícios das PPP, que permitam fazer face às grandes mutações e pressões a médio e longo prazo que se colocam ao sector.

Apesar das especificidades próprias de cada país, as experiências realizadas demonstram a existência que um conjunto de factores que sendo comuns aos diversos contextos, são determinantes para o sucesso na aplicação das PPP. De entre eles, destacam-se as seguintes:

a) **Quadro legislativo próprio de PPP**: A existência de legislação própria, no quadro jurídico de cada país, constitui o elemento decisivo para o enquadramento normativo da participação do sector privado na provisão de bens e serviços públicos, concedendo-lhe assim a segurança que necessita para a sua participação.

b) **Definição de um quadro de planeamento estratégico prioritário**: os governos devem identificar e definir em que sectores e em que projectos pode o mecanismo de PPP ser aplicado, de forma a reduzir as possibilidades de fracassos e desperdício de

Experiências Internacionais com Parcerias Públicas-Privadas 105

recursos, já que como refere PUK (2000:5), "as PPP não são um modelo único aplicado a todas as circunstâncias".

c) **Existência e criação de entidades especializadas nos processos de PPP**: a existência de um corpo de especialistas quer no sector público, quer no sector privado, apresenta-se como condição necessária ao processo de PPP. Dado que a complexidade dos processos de PPP é superior ao tradicional sistema de contratação pública, os governos devem promover a criação de agências ou unidades públicas dedicadas ao desenvolvimento e formação dos diversos actores públicos intervenientes nos processos de contratação. Essa complexidade requer a existência e colaboração de conhecimentos e saberes técnicos multidisciplinares, apresentando-se como vitais para alcançar investimentos de qualidade dentro do prazo e de forma a garantir ganhos para o sector público (HMT, 2003;5;EIB, 2004).

d) **Criação de processos contratuais simplificados e standarizados**: é reconhecido que a padronização dos processos de contratação conduz à redução dos custos de transacção, nomeadamente de consultoria e do tempo processual de adjudicação (Fitzgerald, 2004:Apendix A; HMT, 2003:60). No entanto, este é um processo dinâmico que deve incorporar os aperfeiçoamentos resultantes dos resultados das experiências obtidas.

e) **Processo de monitorização e avaliação activo**: a monitorização activa é necessária de forma a assegurar aos governos que as medidas definidas são efectivamente aplicadas através dos projectos de PPP e que não enfraquecem a flexibilidade ou qualidade do fornecimento de serviços públicos. Deve ainda, assegurar a rápida e equilibrada resolução de disputas que possam surgir e garantir que o mecanismo de pagamento e standards definidos estão a ser realizados e alcançados pelos serviços efectivamente fornecidos (Fitzgerald, 2004:Apendix A; EIB, 2004; HMT, 2003; PUK, 2006).

f) **Existência de mercado financeiro:** as experiências mostram a necessidade de existência de um mercado financeiro activo, capaz de proporcionar o desenvolvimento de novos e diversos instrumentos e soluções financeiras nos contratos de parceria. Essas devem favorecer o aparecimento de inovações que facilitem a reestruturação financeira dos contratos. A título de exemplo, pode citar-se o caso do Reino Unido, onde se promove a criação do segundo mercado financeiro destinado à alienação das posições sociais dos participantes no SPV (HMT, 2003,2006; S&P, 2005).

3. AS PPP NA SAÚDE: OS SERVIÇOS CLÍNICOS

Nos dois capítulos precedentes abordaram-se as razões que conduzem à escolha do mecanismo das PPP em alternativa ao tradicional sistema de provisão de infra-estruturas e serviços como meio de aumentar a eficiência produtiva, tendo-se no último abordado as experiências internacionais resultantes do uso deste mecanismo no sector da saúde, em especial no subsector hospitalar. Contudo, verifica-se que as PPP não são aplicáveis a todos os serviços. A tendência internacional nas PPP de saúde é a adopção do modelo de parceria que exclui os serviços clínicos (serviços de actos médicos).

Neste capítulo procura-se analisar a problemática que envolve a inclusão versus exclusão dos serviços clínicos nas PPP de saúde. A abordagem incluirá uma síntese das principais características dos bens e serviços de saúde, a especificidade dos serviços clínicos e critérios da sua inclusão versus exclusão nas parcerias, referindo evidências das experiências observadas nos países já analisados no Capítulo 2.

Será ainda efectuada uma breve abordagem ao modelo português que se encontra em adopção no sector da saúde.

3.1. Principais características do mercado de bens e serviços de saúde

O sector de saúde é muito complexo quer pela importância socio-económica que representa, pela natureza e heterogeneidade dos bens e serviços que incorpora, quer pela diversidade das relações de interdependência que se verificam entre os diversos elementos que o compõem.

3.1.1. *O mercado da saúde: breve caracterização*

Na secção 1.4.3 foi referido que o sector da saúde apresenta especificidades próprias que o tornam mais complexo face aos restantes sectores de bens e serviços de interesse geral. No entanto, para melhor compreender a dimensão, complexidade e especificidade deste sector é pertinente abordar, embora de forma sintética, quer os factores que determinam tal complexidade, quer as razões que determinam a presença do Estado na produção de serviços de saúde.

No presente capítulo é assumido o conceito de Barros (2005:201), segundo o qual os cuidados médicos/serviços clínicos são um "bem ou produto intermédio" essencial para gerar, manter e recuperar ou melhorar a saúde. Aqui, o estado de saúde é o produto acabado do qual o produto intermédio faz parte. Assim, os actos médicos são um produto – serviços prestados, por um prestador, que recorre a factores produtivos (recursos), usados na prestação do serviço. Neste conceito são factores produtivos, os recursos humanos (médicos, enfermeiros e outros técnicos especializados), o equipamento (camas, aparelhos, etc.), medicamentos, edifícios, acomodação, serviços lavandaria e alimentação nos hospitais.

Preker e Harding (2000) abordam o sector da saúde numa óptica de mercado – teoria das organizações, considerando que os serviços de saúde podem ser categorizados de acordo com as suas características produtivas. Assim, categorizam os serviços saúde de acordo com as três seguintes variáveis; a contestabilidade[56], mensurabilidade e significativa informação assimétrica. Nesta perspectiva, estes autores estabelecem uma análise matricial onde são confrontadas a concorrência, a mensurabilidade ao nível dos mercados de recursos e mercado de produtos e serviços e a influência da informação assimétrica.

Estes dois mercados estão interligados entre si sendo que a diferença entre eles reside na identidade do comprador. Num dos mercados os compradores são os pacientes, enquanto no outro são organizações colectivas.

---

[56] Entende-se por contestabilidade a competição pelo mercado em substituição da competição no mercado através do preço. Um mercado diz-se contestável se os agentes e/ou produtos e serviços podem nele entrar e sair livremente, ou seja, não existem barreiras à entrada nem à saída desse mercado. Daqui em diante é utilizado o termo concorrência.

As PPP na Saúde: os Serviços Clínicos 109

No mercado de recursos, os bens e serviços podem ser classificados de elevada concorrência/alta mensurabilidade até reduzida concorrência/ /reduzida mensurabilidade. Produção de consumíveis, retalho de medicamentos e equipamentos médicos, entre outros bens consumíveis, são exemplos de bens onde as barreiras à entrada e saída são reduzidas, sendo altamente concorrenciais e de fácil mensurabilidade. No entanto, um conjunto exigente de condições, como seja, a necessidade de elevados investimentos, as crescentes especificações técnicas e de especialização, de licenciamento e certificação ao nível das actividades produtivas farmacêuticas, de equipamentos e tecnologia médica, de direitos de autor-patentes, bem como de recursos humanos altamente especializados, constituem factores que contribuem para a criação de barreiras à entrada e saída no mercado de recursos. A criação de barreiras à entrada e saída reduz a concorrência e mensurabilidade dos bens e serviços, aumentando por sua vez a presença de informação assimétrica, criando condições ao surgimento de concentração dos agentes dando-lhes poder de monopólio.

No lado do mercado de produtos pode ser feita uma caracterização semelhante. Contudo o principal problema reside na dificuldade em especificar e mensurar os serviços e resultados. Os serviços abarcam transversalmente os três níveis de concorrência – alta, média e reduzida – mas ao nível da mensurabilidade apenas se situam nos níveis da média e baixa. A matriz abaixo apresentada – Quadro 3.1 – mostra a combinação de serviços que se encontram abrangidos por essa classificação.

Através da sua análise, pode-se concluir que à medida que se desloca da esquerda para a direita (sentido da informação assimétrica crescente) as barreiras à entrada na prestação dos serviços aumentam, conduzindo à concentração dos prestadores originando um mercado monopolista ou oligopólio em muitos serviços. Destacam-se as actividades e serviços que requerem quer conhecimentos e competências muito específicas, quer elevados investimentos e custos que a prestação envolve, dando significativas vantagens aos agentes estabelecidos face aos potenciais candidatos a entrar no mercado. Além destas barreiras, acrescem as resultantes da intervenção do governo no sector, com o estabelecimento de exigentes normas de licenciamento e certificação específica (requisitos entendidos como uma forma de controlo da qualidade).

Na linha de média mensurabilidade – serviços tipo IV a VI – inclui-se um conjunto de serviços cuja capacidade de definição e observação com precisão não é problemática. Trata-se de serviços com procedimentos e

110 Fundamentos e Modelos nas Parcerias Público-Privadas...

QUADRO 3.1 – Características do mercado de serviços de saúde

		Características de produção de serviços (Mercados de produtos e serviços)		
		Elevada Concorrência	Média Concorrência	Reduzida Concorrência
Alta	Mensurabilidade	Tipo I	Tipo II	Tipo III
Média	Mensurabilidade	Tipo IV Actividades não clínicas: . Lavandaria & Catering . Gestão e serviços suporte Diagnósticos de rotina	Tipo V Intervenções clínicas Diagnósticos especializados	Tipo VI
Baixa	Mensurabilidade	Tipo VII Cuidados de Ambulatório: . Médico . Enfermaria . Dentário	Tipo VIII Intervenção de saúde pública Acções intersectoriais Cuidados internos - internamento	Tipo IX Actuação política Monitorização e avaliação
		Informação Assimétrica Crescente		

Fonte: Adaptado de Preker e Harding (2000:13)

normas padronizadas, como são os casos dos serviços complementares de diagnóstico, intervenções cirúrgicas e serviços hospitalares não clínicos.

Quando nos deslocamos para a última linha, baixa mensurabilidade – serviços tipo VII a IX – verifica-se que esta abarca maioritariamente serviços de cuidados médicos (na maioria dos quais os procedimentos e normas não se encontram padronizados), bem como as actividades desempenhadas pela acção pública na saúde. Todos os serviços têm como principal característica a presença de informação assimétrica, a qual cresce no sentido da esquerda para a direita. Esta característica será abordada mais em detalhe na secção 3.2.2.

A presença de informação assimétrica cria o problema de acessibilidade e compreensão de informação. Este problema não possibilita uma correcta avaliação dos serviços, na medida em que existe uma percepção diferenciada sobre os mesmos o que dificulta a sua correcta definição, observação e monitorização, bem como a avaliação dos resultados quer pelos pacientes, quer pelos outros intervenientes, pessoal administrativo e entidades de controlo e supervisão. A presença de informação assimétrica também gera consequências nas relações entre os agentes económicos, já

As PPP na Saúde: os Serviços Clínicos 111

presentes e de mercados potenciais, na medida em que a falta de informação sobre os preços e qualidade dos serviços torna difícil a comparação entre serviços. Tal provoca um desequilíbrio entre oferta e procura nos mercados ditos de concorrência perfeita. Estas características distinguem o mercado da saúde dos restantes (Barros, 2005).

Preker e Harding (2000) consideram a competência e reputação como os dois activos mais relevantes no sector da saúde por determinarem o maior ou menor nível da concorrência. Barros (2005) considera inclusive, que os cuidados de saúde são um bem de reputação.

Outra classificação dos serviços de saúde é efectuada no âmbito da teoria económica de acordo com as características do seu consumo – rivalidade e exclusão. Musgrove (1996) considera a existência de actividades de saúde relacionadas entre si, classificando-as em duas dimensões. Uma compreendendo as actividades que envolvem bens e serviços de saúde de natureza privada e outra de natureza pública.

Se na subsecção 1.3.1.3 foi abordada de forma generalizada a natureza dos bens e serviços, aqui far-se-á uma abordagem mais restrita à classificação dos serviços de saúde. No que se refere à natureza dos bens e serviços, a noção de bens públicos em saúde não difere da noção de outros bens públicos. Musgrove (1996) considera, numa primeira dimensão, que a fronteira entre bens privados e públicos de saúde não é nítida porque existem intervenções de natureza privada e pública produtoras de externalidades que invadem ambos os campos. No entanto, refere (p.12) que a maioria dos serviços de saúde são privados, incluindo-se nesta classe a maioria das actividades de cuidados curativos (nomeadamente os casos de cuidados curativos de doenças não transmissíveis), todos os cuidados de reabilitação e ainda alguns cuidados preventivos ou pré-curativos. Estes serviços repartem-se, por sua vez, em actividades de alto e baixo custo de acordo com natureza das intervenções.

Para Musgrove (1996), os bens públicos são classificados com base em dois critérios: i) a existência de externalidades e ii) a verificação de exclusão pelo preço. O autor considera como públicos, os serviços de saúde que produzem externalidades positivas significativas para a população, como tratamentos de imunização, de controlo e protecção da população contra determinadas doenças infecto-contagiosas – como tuberculose e gripe, entre outras – e ainda as intervenções nos casos de surgimento de surtos de epidemias. Nestes casos, a vacinação previne quer a propagação, quer a diminuição do risco de exposição de outros indivíduos à doença. O segundo critério refere-se à exclusão no acesso ao tratamento médico decorrente do seu custo. Existem tratamentos médicos de determinadas doenças curativas e de reabilitação, como as doenças crónicas, cuidados intensivos e intervenções cirúrgicas cujos custos, unitários ou acumulados, podem alcançar valores de tal maneira elevados que apenas um número reduzido de pessoas ou famílias têm possibilidade de pagar para ter acesso a esses tratamentos. Situações desta natureza conduzem a que os custos dos tratamentos funcionem como elemento de exclusão dos serviços de saúde e, consequentemente, torna-se necessária a intervenção do Estado no sentido de garantir igualdade de acesso – equidade.

Existe ainda uma outra classificação atribuída aos serviços de saúde que no campo da teoria económica muitos autores designam por bens de mérito. Esta surge em resultado das características dos serviços de saúde, sendo composta essencialmente por serviços privados de saúde, que por mudança dos valores sociais ocorridos, aquando do surgimento da teoria do *Welfare State*, conduziu a que passassem a ser tratados como bens públicos. A acção pública procura, em consonância com a concepção do óptimo de Pareto do *Welfare State*, a melhoria do bem-estar social de toda a sociedade. Entende-se que o Estado deve propiciar um conjunto de serviços de saúde considerados básicos, à vivência em sociedade e dignidade humana, a todos os indivíduos cujo acesso é livre e prestados de forma tendencialmente gratuita. A título de exemplo, refere-se o caso do plano nacional de vacinação que é obrigatório e gratuito.

Da caracterização exposta sobressaem alguns dos factores que revelam a maior complexidade dos serviços de saúde face a outros bens e serviços de interesse geral, e que contribuem para a presença do Estado na sua produção e fornecimento directo.

3.1.2. *O Estado na produção e fornecimento de serviços saúde*

No Capítulo 1 abordou-se o papel do Estado nas sociedades de economia mista, sendo a natureza e grau da sua intervenção efectuada de acordo com o contexto específico de cada país.

No sector da saúde, o papel do Estado tem como objectivo central proporcionar condições de saúde que melhorem o bem-estar de todos os cidadãos. Tal objectivo é assegurado pela garantia do direito fundamental no acesso a cuidados de saúde, de forma continuada e permanente e pela

As PPP na Saúde: os Serviços Clínicos 113

administração de todo o sector no que respeita às políticas globais de saúde e seu financiamento. A nível micro, tal requer uma atenção quer como produtor e fornecedor directo de serviços de saúde quer indirectamente através da regulação do sector e de actividades (Musgrove, 1996; WHO, 2000).

A produção e fornecimento directo de serviços de saúde são uma componente de todo o sistema de saúde, exercendo uma das suas principais funções, sendo considerada como "a tropa da linha da frente que defende a sociedade contra a doença" WHO (2000:25).

Apesar da intervenção na saúde seguir razões já apontadas no Capítulo 1 para a intervenção do Estado nos diversos sectores da economia, existem, no entanto, características específicas que reforçam a sua presença como produtor e fornecedor directo de serviços de saúde. De entre elas destacam-se: a informação assimétrica, a incerteza da procura, a exclusão pelo custo dos cuidados médicos, a produção de externalidades e o elevado valor social da saúde. Algumas características (designadas de falhas de mercado), por serem muito mais acentuadas no sector da saúde que as verificadas noutros sectores de actividade, impendem o perfeito funcionamento do mercado concorrencial neste sector, gerando consequências imediatas na redução do bem-estar social, isto na concepção do óptimo de Pareto (Arow, 1963; Musgrove, 1996; Preker e Harding, 2000; Saltman, 2002).

Ao produzir e disponibilizar directamente aos cidadãos cuidados de saúde, o Estado procura assegurar a defesa do interesse público. Barros (2005), Hammer (1997) e Atkinson e Noord (2001) apontam duas razões fundamentais para esta intervenção directa: a produção de externalidades e problemas na produção de informação. A primeira resulta da existência de doenças contagiosas e epidémicas, com efeitos sobre a população, em que o comportamento individualizado dos cidadãos é insuficiente para a protecção contra o contágio da população, tendo o Estado que intervir com a tomada de acções integradas e coordenadas de natureza preventiva, nomeadamente, através de programas de vacinação colectiva. A segunda razão, problemas de produção de informação, prende-se com o facto de um envolvimento directo na produção e disponibilização de cuidados médicos resultar numa maior apropriação do valor da informação produzida resultante das melhores práticas clínicas a serem seguidas Barros (2005:27), na medida em que a diversidade de práticas clínicas ocorre por existir presença de incerteza e assimetria na informação no acto médico.

114   *Fundamentos e Modelos nas Parcerias Público-Privadas...*

No entanto, na cadeia de produção de serviços de saúde existem serviços que podem ser divisíveis ou individualizados pelo que podem ser tratados autonomamente apesar de coordenados e integrados com a cadeia, enquanto outros serviços não têm essa possibilidade por serem interdependentes entre si. Alguns dos serviços podem ser ainda considerados centrais com o Estado a reter o controlo directo dos mesmos, sendo por isso designados por *core-services*. Apesar da definição dos serviços centrais ser da competência do governo, parece existir um consenso em classificar os serviços que envolvem actos médicos – prática de serviços clínicos – como *core-services*, estando, a eles, intimamente correlacionado um elevado grau de interesse público. Por outro lado, os serviços de apoio ou auxiliares aos serviços clínicos (actividades complementares) individualizáveis e tratados como actividades que podem ser executadas sem o controlo directo do Estado são designados por *non-core services* deles sendo exemplo, alguns serviços de diagnóstico, exames especializados, internamento, alimentação, limpeza, etc (Preker e Harding, 2000; Riess, 2005).

3.2. Especificidades dos serviços clínicos

A especificidade e complexidade do sector da saúde decorrem da natureza intrínseca dos cuidados médicos.

Nesta secção pretende-se abordar um conjunto de especificidades próprias dos serviços clínicos, que assumem especial relevância, como a dimensão social que incorporam, a presença de informação assimétrica na relação médico-paciente, a dimensão multidimensional da qualidade dos cuidados médicos, a dificuldade que existe na sua especificação objectiva e a procura dos cuidados médicos assumir uma natureza de elevada imprevisibilidade sendo a mesma induzida pelo médico, e que os tornam diferentes de todos os outros serviços de interesse geral.

3.2.1. *Dimensão social*

Os serviços clínicos correspondem aos serviços de actos médicos ou cuidados médicos prestados a pacientes e exercidos exclusivamente pela classe médica. Caprara *et al.*, (1999:648) referem que o exercício da actividade de médico na produção de saúde é "definida como a ciência e arte de curar". A sua relevância social assenta essencialmente no facto desta se encontrar correlacionada com a existência da própria vida humana, associada ao perigo de vida, à doença e ao sofrimento bem como ao receio de ficar inválido. Estas características concentram uma particularidade – a intangibilidade – que diferencia a saúde ou a falta dela de outros bens e serviços essenciais, e cuja procura apenas ocorre em eventos e períodos inesperados, ou seja, é a resposta a uma necessidade inesperada (Arrow, 1963; WHO, 2000). Neste sentido Musgrove (1996:23) refere que "as pessoas querem cuidados médicos não por qualquer razão intrínseca de utilidade mas porque pensam que necessitam dela, e se esses cuidados não são fornecidos a sua saúde deteriora-se ou a sua melhoria falha". Donde, resulta que estar doente não é um desejo ou necessidade, mas contrariamente a cura é uma necessidade desejável.

Pode-se, ainda, dizer que da doença emerge uma dimensão social para quem a sofre e para o profissional que tem o dever de a curar.

Do lado do doente, a presença de doença e do sofrimento são sinónimo de um desvio à normalidade, uma ruptura da sua ordem social, ausência de saúde, de um problema físico ou mental que afecta quer a sua sobrevivência, quer o seu estatuto social, envolvendo assim uma dimensão biológica e psicossocial (Adam e Herzlich, 2001;Uchôa e Vidal, 1994). A dimensão social de estar doente é carimbada pela dignidade humana que se recebe no tratamento da doença, com a despersonalização que se vive quando se é doente, ficando totalmente dependente das regras impostas pela organização onde se encontra, passando mesmo a ter a identidade de um número. A perda de liberdade pela incapacidade física tornando-nos dependentes dos outros (Caprara *et al.*, 1999). Num âmbito mais alargado o estado de saúde de uma população no seu todo, encontra-se associado ao modo de vida e ao seu universo socio-cultural, na medida em que, este influencia a adopção de comportamentos de prevenção ou risco sobre a utilização dos serviços de saúde, por exemplo, ao nível de campanhas de vacinação, etc (Uchôa e Vidal, 1994).

Do lado do profissional para o médico, também emerge uma dimensão social pela relevância que este tem em diagnosticar e prescrever soluções para a resolução dos problemas dos doentes, eliminando ou aliviando a dor e sofrimento bem como de conduzir à sua plena recuperação, com base nos seus conhecimentos e saberes técnicos complexos. Esta relevância baseia-se numa relação de confiança, embora desequilibrada. A prática de medicina centra-se em torno da relação paciente-médico, que

116   *Fundamentos e Modelos nas Parcerias Público-Privadas...*

consiste num processo de interpretação de sintomas para os quais são indicados escolhas e decisões de processos e tratamentos clínicos, cujos resultados de cura incorporam um grau de incerteza RCP (2005).

A esta dimensão acresce, ainda, a posição social que adquire na estrutura social quer nas organizações onde trabalha, quer em termos de relevância social da profissão de médico.

3.2.2. *Presença de informação assimétrica*

Afirmou-se anteriormente que os actos médicos centram-se em torno da relação de confiança médico – paciente, a qual por sua vez é dese-quilibrada. O desequilíbrio desta relação reside no facto de nela existir desigualdade de domínio da informação entre os dois intervenientes, afir-mando-se, por este facto que existe a presença de informação assimétrica Arrow (1963).

Sendo o acto médico a aplicação de conhecimentos científicos, técnicos e de experiência adquirida na cura de doenças, conhecimento médico, esse, que é muito complicado e mesmo ambíguo, e que se desen-rola através de um processo no qual o médico escuta as queixas e sintomas manifestados pelo doente interpreta-as e estabelece soluções de cura, baseado na existência de uma comunicação interactiva (queixas-pergun-tas) que modela a interpretação do médico na fixação do caminho da cura (Caprara *et al.*, 1999). Stiglitz (1988:290) refere mesmo que "quando as pessoas vão ao médico, o que elas compram, é em larga medida, o conhecimento e informação do médico".

Na relação médico – paciente, o domínio do conhecimento sobre as necessidades do paciente e da doença por parte do médico bem como as possibilidades e consequências dos tratamentos escolhidos versus resul-tados, é muito maior que os possuídos pelo paciente, no qual predomina o desconhecimento, estando ambas as partes conscientes desta desigual-dade. A esta desigualdade em que uma das partes, médico, detém mais informação que a outra, paciente, é designada por informação assimétrica.

Os pacientes não sabem tanto como os médicos, pelo menos é sua crença, pelo que eles não podem condicionar ou forçar os parâmetros de cuidados médicos. Eles acreditam na opinião generalizada da capacidade médica, pelo que o serviço prestado por este não está sujeito a inspecção por parte do "comprador" no acto da compra. Assim, o paciente delega no médico muito do seu poder de escolha e nestes casos o "consumidor" não pode testar o produto antes de o consumir existindo o elemento de confiança na relação. Na teoria económica este tipo de relação é designado por relação de agência.

Sendo o acto médico, caracterizado por ser muito complexo, personalizado e heterogéneo aplicado a condições concretas e diferenciadas, onde o processo clínico é desenvolvido de acordo com as necessidades de cada indivíduo, o mesmo não é um processo dinâmico de aprendizagem para o doente (por experiência ou investigação – estudo), de forma que, este, possa tomar decisões de escolha e assim poder interferir nas soluções e modalidades apresentadas pelo médico, ou seja, que possua capacidade de poder escolher (Preker e Harding, 2000; Salop, 1976). Assim, o doente ao não possuir critérios de avaliação e as circunstâncias ou as condições em que determinadas acções médicas são realizadas (por exemplo, situações de urgência), dão ao médico o poder de indução da procura e do estabelecimento de preços ou custos no processo de tratamento da doença. Estas são razões para que os cuidados médicos pertençam ao tipo de bens essências para os quais o produto e actividade produtiva são idênticos ou se fundem (Arrow, 1963).

Os actos médicos possuem ainda uma característica especial, a presença de incerteza e risco, os quais são apercebidos de modo diferente por cada um do lado da relação médico – paciente. Neste sentido CHE (2007) refere que "as decisões clínicas são realizadas sob condições de incerteza"[57]. O facto de se estar a trabalhar com um organismo biológico – corpo humano – no qual a capacidade de reacção é de variabilidade desconhecida e em que a recuperação e evolução da doença é tão imprevisível como o seu evento, a eficácia e resultados da cura incorpora um grau de incerteza elevado (Fragata e Martins , 2004). A incerteza e o risco quanto aos diagnósticos na tomada de decisão dos tratamentos e eficácia dos resultados decorrentes das escolhas prescritas conduzem à diversidade de práticas clínicas. Por exemplo, onde um médico pode sugerir a escolha pela não intervenção cirúrgica, outro pode optar pela intervenção. Barros (2005:129) refere a este propósito " a falta de consenso quanto à melhor prática clínica decorre da presença de incerteza conduzindo ao desenvolvimento de várias práticas".

---

[57] Centre for Health Evidence – www.cche.net/usersguides/decision.asp, acedido em 14 Junho de 2007.

118   *Fundamentos e Modelos nas Parcerias Público-Privadas...*

Existem dois riscos envolvidos nos cuidados médicos: o de recuperação incompleta ou prolongada e o risco de morte. O risco e a incerteza são elementos essenciais nos cuidados médicos e, segundo Arrow (1963:142), "todas as virtuais e especiais características do sector da saúde derivam da prevalência da incerteza".

De acordo com a teoria económica, o acto médico, caracterizado pela existência de informação assimétrica e ainda pela existência de incerteza e risco, envolve problemas resultantes das relações de agência, dos quais o risco moral é o mais significativo (Arrow 1963; Pereira *et al.*, 2005; Preker e Harding, 2000;Stiglitz, 1988).

O risco moral resulta do envolvimento de dois elementos, o principal (doente) e do agente (médico), em que o primeiro se confia aos cuidados do segundo que actua por conta do primeiro na sua recuperação, na certeza de que o segundo adoptará um comportamento ético e moral, e que tudo fará ao seu alcance para promover o seu bem-estar, não lhe escondendo nenhuma informação. Neste sentido, o paciente sendo incapaz de observar ou influenciar o comportamento do segundo e como tal incapaz de avaliar se os resultados alcançados são fruto da competência ou incompetência técnica e do esforço do médico, ou ainda, que o mesmo seria alcançado por acção natural, não sabe se o médico escondeu informação tendo, desta forma adoptado, um comportamento imoral.

Do risco moral pode decorrer o conflito de interesses, por vezes antagónicos, que emerge da relação médico – paciente com os restantes elementos evolventes aos cuidados médicos, seguros, segurança social, administradores hospitalares ou organizações hospitalares, podendo, o primeiro, adoptar uma solução adversa à solução mais apropriada quer para o paciente quer para os restantes envolvidos, com impacto ao nível da quantidade e qualidade fornecidas. O médico tem por imperativo profissional olhar ao bem-estar do seu paciente, independentemente da perspectiva financeira[58]. No entanto, este tipo de relação tem consequências ao nível da eficiência produtiva, uma vez que o custo dos cuidados médicos não são determinados unicamente pelo tipo de doença que um indivíduo sofre, mas também dependem da escolha e consentimento das práticas clínicas efectuados pelo médico. Este poderá encontrar um conflito entre a sua ética profissional na defesa do paciente e os restantes actores

---

[58] Condição designada na literatura de medicina por espírito Hipocrático.

envolvidos na prestação de cuidados de saúde que possuem objectivos diferentes, como a contenção de custos ou maximização de lucros. A este propósito, Arrow (1963:146) afirma que "os médicos actuam como agentes de controlo em nome ou por conta de companhias de seguros".

Da presença de informação assimétrica pode-se dizer que a característica principal do sistema de saúde é que o mesmo é dominado em absoluto pelas decisões tomadas pelo médico na produção e distribuição de serviços médicos (Harris, 1976).

3.2.3. *A dimensão da qualidade em saúde*

Desde há muito tem sido reconhecido que a natureza da qualidade em saúde é complexa e multidimensional (Rao *et al*., 2006), sendo mesmo difícil a sua conceptualização. Inerente ao acto médico encontra-se a qualidade e os resultados que o mesmo produz para o paciente, para a organização onde são prestados e para o próprio médico. Donabedian (1980) classifica a qualidade nos serviços clínicos como uma propriedade do tratamento médico prestado, contendo diversos e diferentes atributos relacionados, fazendo parte do processo de cura do paciente.

Nos cuidados médicos, muitas vezes, a avaliação da qualidade encontra-se associada não aos cuidados médicos em si mesmos, mas indirectamente pelas pessoas que os realizaram e nas condições em que são elaborados, envolvendo várias dimensões. Esta situação coloca dificuldades quer na definição dos critérios de qualidade, quer na própria avaliação dos serviços clínicos. Uchimura e Bosi (2002) abordam a questão da qualidade considerando duas dimensões: a qualidade objectiva e a qualidade subjectiva. A primeira é mensurável, mais correlacionada com a componente técnica, possível de ser quantificável; a segunda ocupa o espaço das vivências, de relações interpessoais, de percepções e expectativas da satisfação dos pacientes, expressando singularidades com carácter subjectivo, cuja análise da sua dimensão escapa aos indicadores e expressões numéricas, sendo de difícil ou impossível quantificação.

Por outro lado, Denabedian (1980) distingue dois elementos básicos na determinação da qualidade dos cuidados médicos na perspectiva do doente: a qualidade técnica e qualidade funcional. A primeira é a aplicação da ciência e da tecnologia na cura de modo a maximizar benefícios de saúde sem aumentar o risco, traduzindo-se na forma como os diagnósticos médicos e procedimentos realizados se adequam de acordo com as manifestações de necessidades dos doentes (Fragata e Martins, 2004). A segunda relaciona-se com aspectos mais abstractos, mas muito importantes para o doente, como o conforto e cortesia no tratamento, a atenção, a dignidade no tratamento. Por outras palavras, as preocupações com o doente na sua dimensão humana, ou seja, o modo como esses serviços médicos são fornecidos e de como os doentes os percepcionam.

Aquele autor considera ainda que a análise da qualidade em cuidados médicos é composta ou deve ter em consideração três elementos interdependentes entre si: a estrutura, o processo e os resultados. O elemento estrutura engloba os meios e recursos necessários e disponíveis quer ao nível físico, quer ao nível organizacional, incluindo os recursos humanos – número e sua distribuição e qualificação profissional – e os financeiros, ou seja, corresponde à afectação de recursos na organização onde os serviços são prestados. As características básicas da estrutura são relativamente estáveis, sendo que, e como referem Fragata e Martins (2004:129), aquela inclui a avaliação da qualidade "do ponto de vista puramente médico [tendo esta] a ver com a capacidade técnica e esforço individual ou de um grupo de profissionais", por exemplo, as cirurgias cardíacas. Ainda segundo o autor, a utilização da estrutura como um meio indirecto de avaliação da qualidade depende da natureza da sua influência na saúde, no sentido em que aumenta ou decresce a probabilidade de bom desempenho. Esta relação entre estrutura e qualidade é de extrema importância na concepção, planeamento e implementação de sistemas destinados a fornecer serviços de saúde personalizados. Relação também designada de relação quantidade e qualidade.

O segundo elemento de análise da qualidade é o processo de cuidados médicos, sendo definido como um conjunto de actividades que ocorrem entre pessoal profissionalizado e entre este e os pacientes. No processo, o fundamental é saber qual o relacionamento entre as características do processo e as suas consequências na saúde e bem-estar dos indivíduos e da sociedade, de acordo com os valores e prioridades sociais, constituindo segundo Donabedian (1980:79) "a base do julgamento da qualidade". No processo encontra-se incorporada a dimensão objectiva e subjectiva ou técnica e funcional da qualidade.

O processo envolve actividades diversas, desde acções médicas e de enfermagem, agrega diferentes competências e definições de tarefas, de recursos e tipos de relações, cuja avaliação é difícil de efectuar global-

As PPP na Saúde: os Serviços Clínicos

mente. É no processo que se encontra, segundo Fragata e Martins (2004:166), o "objecto central da prestação de cuidados de saúde [...] a gestão da trajectória da doença". Referem ainda que nas organizações hospitalares é esta, a trajectória da doença, que deve ser gerida, considerando-a como "o *core-business* da prestação de cuidados de saúde", ou seja, do processo. Este corresponde à fase de produção do produto intermédio – prestação de serviços de saúde, conceito que se assumiu no início deste capítulo.

Por último, os resultados que Denabedian (1980:83) define como "alteração no estado de saúde presente ou futura do paciente". O autor considera a alteração do estado de saúde, como uma medida indirecta de avaliação de qualidade, na medida em que depende não só do processo mas também de factores alheios ao mesmo e que são de difícil determinação. Os resultados como unidade de medida do desempenho clínico é o elo final da cadeia composta pelos três elementos sequenciais: estrutura /processo/ resultados, sendo que ao longo do processo, a medição de qualquer elemento constitui um critério de medição de resultados. A este propósito, o autor refere o exemplo do processo diagnóstico – resultado diagnóstico – processo terapêutico – resultado terapêutico.

3.2.4. *Mensurabilidade*

Os obstáculos associados à avaliação de qualidade decorrem da dificuldade ou mesmo impossibilidade na mensurabilidade dos cuidados médicos. No Quadro 3.1, da secção 3.1.1, observa-se que praticamente todos os serviços médicos se caracterizam por possuírem reduzida mensurabilidade.

Mensurabilidade é a capacidade dos recursos, processos, produção, produto e resultados de um bem ou serviço poderem ser especificados, quantificados e avaliados com precisão. Avaliar consiste em atribuir valor a algo, isto é, conferir valor, o que nos serviços clínicos abarca diversas dimensões (Girishankar, 1999; Uchimura e Bosi, 2002). Este acto, nos cuidados médicos, é dificultado pelo facto de existir elevada assimetria de informação na relação médico – paciente, a qual constitui o centro orientador de todo o ciclo clínico. Sendo o conhecimento médico tão complicado e complexo, é o médico que detém a informação chave para a definição das diferentes possibilidades de tratamento e perspectivar as possíveis consequências que possam daí surgir (Arrow, 1963). O processo clínico, ao envolver inúmeras e diferentes actividades que exigem coordenação entre si fazendo um todo, incorpora algumas que podem ser individualizadas e se apresentam de fácil quantificação e avaliação, enquanto outros são de difícil individualização e avaliação, por exemplo, os cuidados integrados, continuados.

A dificuldade de mensurar estende-se à própria qualidade dos cuidados médicos. Essa dificuldade é oriunda da presença de informação assimétrica na prestação de cuidados médicos, na medida em que os prestadores possuem vantagem no domínio da informação. Se se centrar na qualidade com possibilidade de avaliação do elemento processo, significa identificação da qualidade ao processo produtivo, ou seja, à combinação de factores produtivos e como são trabalhados na prestação de serviços aos pacientes. Segundo Donabedian (1980), a criação de atributos considerados definidores de boa qualidade difere de médico para médico, diferindo também a importância relativa dada a cada um dos atributos nas práticas clínicas. O autor refere (p.50) "que existe um largo número de atributos definidores de boa qualidade de serviços de saúde, muitos dos quais são difíceis ou impossíveis de mensurar, e aqueles que podem ser mensurados não podem ser traduzidos num atributo individualizado que seja compreensivo para o paciente".

O esforço empenhado no processo é de difícil observação, mas com impacto na qualidade do produto intermédio. Este impacto reflecte-se também na qualidade subjectiva ao nível da percepção por parte dos pacientes quanto à qualidade dos serviços recebidos. Esta é de difícil verificação em virtude da presença de problemas de informação bem como da sua natureza subjectiva.

No sentido de procurar ultrapassar o problema de assimetria de informação, são dadas respostas através da implementação de sistemas de acesso à informação, nomeadamente, através de recolha, tratamento e definição de padrões a seguir nas práticas clínicas. No entanto, e como refere Barros (1999), frequentemente "a avaliação da qualidade não é possível ou tem custos excessivos face aos benefícios gerados". Por exemplo, será demasiado complexo ou mesmo impraticável controlar a qualidade de tratamento ministrada a cada doente.

A presença de informação assimétrica dificulta ainda a própria definição e quantificação quer de critérios (atributos) objectivos a observar, quer de medidas de desempenho. Eiriz e Figueiredo (2004) citam

Herzlinder (1997), quando este refere que "os custos e a qualidade da maior parte das actividades dos sistemas de saúde não são mensuráveis".

Como se referiu na secção 3.2.3, também existe nos cuidados médicos uma dimensão subjectiva, intangível na percepção de como estes são prestados e cuja quantificação é muito difícil ou mesmo impossível. A presença de incerteza e risco nos serviços clínicos acrescentam maior dimensão à dificuldade de quantificá-los, na medida em que existe grande heterogeneidade de serviços prestados e diversidade de práticas clínicas. O facto dos serviços não serem padronizados dificultam quer a sua comparabilidade e monitorização, quer a avaliação de desempenho e de resultados alcançados.

No entanto, a mensurabilidade não é um fenómeno estático sendo influenciada por elementos da envolvente do sistema de saúde (Preker e Harding, 2000).

3.2.5. A procura

A esmagadora maioria dos cuidados médicos correspondem a serviços cuja procura decorre de actos involuntários e não por acção consciente, deliberada, das pessoas na obtenção da máxima satisfação na aquisição de um produto ou serviço. A procura por cuidados médicos decorre da necessidade de colmatar ou atenuar o risco iminente de vida ou suprimir dor ou sofrimento ou ainda em situações decorrentes de políticas de saúde – como sejam os programas de vacinação – pelo que a procura não é previsível ou determinada. Arrow (1963:143) refere mesmo que "a característica mais óbvia na procura de serviços médicos é que ela não é fixa [...] mas irregular e imprevisível". Este autor considera, ainda, que a possibilidade de doença não constitui por si só um risco, mas é adicionando o custo que esse risco em si representa (de estar doente), além do custo médico, que dá uma dimensão própria à procura destes serviços.

De acordo com a definição das necessidades humanas de Maslow, pode-se classificar a procura de cuidados médicos em duas categorias: a procura por cuidados preventivos (medicina preventiva) e por cuidados médicos de sobrevivência. A primeira situa-se ao nível da necessidade de segurança, de estar protegido contra diversos perigos que podem ameaçar o seu estado de saúde futuro. Neste caso, em que não estando doente, o

124 *Fundamentos e Modelos nas Parcerias Público-Privadas...*

indivíduo tem um comportamento pró-activo, no sentido de procurar minimizar o risco de vir a ficar doente, incluindo-se neste caso consultas diversas, algumas de rotina, mas cuja complexidade não é muito elevada, como sejam: estomatologia, oftalmologia, clínica geral etc. A segunda situa-se ao nível das necessidades fisiológicas constituindo a primeira categoria na pirâmide das necessidades de Maslow, caracterizadas pela necessidade de sobrevivência do indivíduo, o qual procura colmatar ou atenuar o risco iminente de vida, suprimir dor ou sofrimento em que na maioria das vezes o indivíduo se encontra muito limitado em agir por iniciativa própria.

Pode-se concluir que ambas as situações configuram a procura de serviços médicos ao nível das necessidades primárias do ser humano.

A este facto acresce, como foi referido na secção 3.2.2, o comportamento do próprio médico que induz a procura por determinados serviços ou actividades médicas. O facto de os pacientes possuírem diminuta informação dá ao médico o poder de mercado. Segundo Musgrove (1996:22), "os pacientes aceitam ou mesmo procuram tratamentos que não comprariam se estivessem perfeitamente informados" mas fazem-no porque são induzidos pelo médico, o que causa incerteza em distinguir o que é necessidade e o que é procura, e assim provocam distorções na análise da procura. Existe assim uma interdependência entre procura e oferta. O poder de decisão encontra-se no agente médico (prescritor) e não no "consumidor final" (paciente), desempenhando este um papel passivo dada a sua "ignorância" quanto ao complexo processo de cura.

A limitada capacidade de conhecimentos e tratamento de informação no processo de compra de cuidados de médicos, faz com que os indivíduos tomem essa decisão baseada no recurso aos conselhos de familiares e de amigos. Um produto que apresenta um processo de compra com estas características é designado por Barros (2005) como um produto de reputação.

3.3. Critérios de inclusão versus exclusão dos serviços clínicos nas PPP de saúde

A experiência internacional das PPP na saúde, tratada no Capítulo 2, revela a predominância pela adopção do modelo de parceria que exclui os serviços clínicos, e nos casos em que inicialmente foram adoptados modelos que os incluíam, esses acabaram por ser abandonados. Assim, a análise

As PPP na Saúde: os Serviços Clínicos

dos critérios de inclusão e exclusão dos serviços clínicos nas parcerias permite uma melhor compreensão das razões para a sua exclusão no modelo de PPP predominantemente adoptado na saúde.

3.3.1. *Princípios básicos a que uma PPP deve obedecer*

As PPP são um mecanismo através do qual, o Estado, em parceria com o sector privado, procura promover a eficiência na utilização dos recursos e a melhoria da qualidade dos serviços públicos prestados. A avaliação destas duas variáveis exige quer a definição objectiva dos serviços, quer o estabelecimento e especificação de indicadores de avaliação e monitorização da produção, do desempenho e dos resultados. Sendo que todos estes elementos devem ser observáveis.

Numa PPP, o modelo de gestão centra-se no produto/produção (*output*) e resultados *(outcome)*, tendo por base princípios de avaliação de desempenho, em substituição do tradicional modelo centrado na avaliação de recursos. O parceiro privado é compensado (pagamentos efectuados e penalizações aplicadas), em medida do desempenho das metas e objectivos atingidos face aos critérios e padrões inicialmente definidos em contrato para um determinado período temporal.

Nas secções 1.2.1 e 1.3.1 foram referidos os dois elementos essenciais para que uma PPP tenha sucesso: i) os serviços objecto da parceria devem ser mensuráveis, passíveis de avaliação; e ii) deve existir transferência de risco do parceiro público para o privado assente no princípio do quem melhor o gere.

1. Mensurabilidade dos serviços

Ao desenhar um contrato de PPP, o governo tem antecipadamente de conceber e especificar com clareza quer os serviços e objectivos pretendidos, quer os critérios e padrões de desempenho em que aqueles vão ser avaliados articulando-os com os indicadores do processo de monitorização a realizar. Para que tal seja conseguido, todos estes elementos devem ter a capacidade de ser mensuráveis, i.e. susceptíveis de ser quantificáveis, avaliados e observáveis com precisão, de forma a evitar ambiguidades de interpretação.

Ao abordar a contratação de serviços, Savas (2000:92) refere que "alguns serviços podem ser especificados com reduzida ambiguidade e

126 *Fundamentos e Modelos nas Parcerias Público-Privadas...*

reduzida possibilidade de má interpretação. Enquanto outros não podem, permitindo que tenham diferentes interpretações [...], em particular nos serviços em que a qualidade é difícil de mensurar". O autor defende (p.179) que são susceptíveis de contratação os serviços que satisfaçam um conjunto de critérios, dos quais se destacam: *hard-services* em vez de *soft--services,* dado que os primeiros são mais fáceis de identificar e as suas especificações de cumprir; serviços individualizados em vez de serviços altamente correlacionados com outros, uma vez que são mais fáceis de gerir. Refere ainda que se devem reter os serviços para os quais a experiência interna é relevante e necessária, e onde a capacidade de monitorização do desempenho não deva ser dissipada ou dispersa.

Fourie e Burger (2000:24) referem que "desde que o produto (produção e fornecimento efectivo) é caracterizado por apresentar dificuldades de mensurabilidade e monitorização, é difícil conceber indicadores que directamente quantifiquem o desempenho".

Por outro lado, CCE (2003b:59) refere os resultados de uma pesquisa realizada sobre as PPP no Reino Unido, em 2000, em que foram identificados seis factores chave para que estas parcerias ofereçam vantagens socioeconómicas, sendo uma delas a avaliação de desempenho.

Existem serviços cujas propriedades se tornam difíceis de precisar como é o caso dos serviços clínicos, onde o internamento, os cuidados intensivos e o processo de diagnóstico e tratamento, são exemplos, como referimos na secção anterior, por apresentarem elevada heterogenidade, presença de informação assimétrica e incerteza e elevada variabilidade de prática clínica. À medida que a quantidade de personalização e variedade dos produtos *mix* se torna excessiva, a medição na base da produção (*output*) torna-se menos útil. Sendo mais adequada quando as organizações produzem e fornecem um relativo pequeno número de serviços padronizados (Krajewski and Ritzman, 2001:325).

A dificuldade aumenta quando se junta, a estes elementos, a avaliação da qualidade dos cuidados médicos, pois a definição e avaliação da qualidade do produto, não é directamente observável e como refere Simões (2004a:289) num hospital existe "informação que é intangível ou não mensurável". Por sua vez Barros (2005:214) refere que "a qualidade do produto do hospital não é observada directamente e não é facilmente mensurável".

O aumento da importância dada à melhoria contínua dos serviços clínicos e padrões de segurança para com o paciente, tornam-na o centro

As PPP na Saúde: os Serviços Clínicos 127

dos esforços, a par da eficiência, dos sistemas de saúde. Arah *et al.*, (2003:377) defendem que " não se pode gerir a qualidade antes de se ter uma maneira de a mensurar, e não se pode mensurar sem antes a poder monitorar [...], o que envolve a definição de indicadores de desempenho ou mensuração para captação da variedade de factores e práticas de saúde".

No sector hospitalar, a maioria dos indicadores de desempenho já desenvolvidos situam-se ao nível da avaliação indirecta, com ênfase em elementos de estrutura, medindo a utilização e produtividade dos recursos, número de consultadas efectuadas, tempos de espera, etc. No entanto, são os resultados clínicos que reflectem mais directamente a eficácia e efectividade dos cuidados médicos recebidos, pelo que a focalização da avaliação deve ser baseada no paciente (OCDE, 2003b; Jakab *et al.*, 2002; Simões, 2004a).

Os indicadores de qualidade ainda se encontram relativamente subdesenvolvidos e de acordo com Mcloughlin *et al.*, (2001:455) "existe um crescente reconhecimento que a capacidade de avaliação e *report* da qualidade é crítica na constituição de barreira a todo o sistema em fornecer melhor saúde e melhores resultados aos pacientes". Apesar dos esforços realizados até à data continua-se a enfrentar significativos desafios no desenvolvimento, formação e aplicação de indicadores de desempenho do sistema de saúde. Um desses desafios é a escassez de dados clínicos válidos e seguros em qualidade. A título de exemplo, pode-se referir o caso do *The Cleveland Health Quality Choice Program* "o qual falhou não por ser uma má ideia mas por questões de natureza económica e por não existirem sólidos conhecimentos de mensuração" (Krajewski *et al.*, 2001:247).

À semelhança das dificuldades apontadas na secção 2.2.3 relativamente aos sistemas de IM&T, também os serviços clínicos apresentam uma racionalidade para a sua não inclusão nas PPP de saúde. A sua ambiguidade, dificuldade de especificação e avaliação tornam difícil a contratação por período de longo prazo (Riss, 2005:18).

Por estas razões, Hsiao (2007:41) defende que "a experiência internacional mostra que assegurar a qualidade técnica dos cuidados médicos pode ser a mais difícil e complexa questão na saúde".

2. Transferência de risco
O risco é o elemento motor da eficiência e a sua transferência deve ser realizada obedecendo ao princípio do parceiro que mais apto está a geri-lo. A transferência deve ser efectuada de acordo com o tipo e quanti-

dade do risco, devendo ser avaliado caso a caso com base no comparador público, através do qual se avalia e compara o custo-benefício entre a PPP em alternativa ao modelo tradicional.

A transferência de risco deve ser efectuada na óptica da eficiência económica e não na da política fiscal que procura a máxima transferência de risco. A decisão deve, assim, ser efectuada com base no indicador que melhor e mais vantagens socioeconómicas (VfM) apresenta face ao modelo tradicional, permitindo, desse modo, ao Estado obter ganhos significativos e minimizar o efeito adverso sobre o parceiro privado (CCE, 2003b).

CCE (2003b:59) refere que "as técnicas de avaliação do VfM são complicadas, exigem dados de qualidade e devem ser utilizadas apenas após cuidadosa ponderação". Assim, a análise custo-benefício não deve ser só baseada apenas em termos monetários, mas também em não monetários. Um dos objectivos a alcançar, com transferência de risco, é melhoria da qualidade do serviço.

Detendo o risco um impacto directo sobre os projectos objecto de PPP, exige-se uma prévia identificação e avaliação, quantitativa e qualitativa dos riscos envolvidos em cada serviço. Apesar de ser possível quantificá-los, existem alguns cuja complexidade de determinação é de tal maneira elevada que exigem consideráveis esforços e custos, os quais não geram correspondentes resultados com elevado índice de certeza (CCE, 2003b:90).

A transferência de risco é mais fácil de apurar para uns serviços públicos do que para outros (Riss, 2005:28).

Nos serviços clínicos, os riscos apresentam-se de difícil quantificação e de difícil gestão, pois são muitos e vagos. Ora, não sendo mensuráveis, dificilmente se conseguem especificar. Dos riscos associados aos serviços clínicos destacam-se: o risco de procura, influenciado pela evolução tecnológica e da ciência médica, bem como pela acção indutiva do médico sobre os cuidados prestados; o risco clínico, que permanece sempre independentemente do parceiro que o assuma; o risco de monitorização do desempenho; o risco de acesso e domínio da informação, com especial importância para a captura dos avanços da prática médica, este último, constituindo a razão de presença do Estado na produção dos serviços clínicos. Todos estes riscos são ampliados com a presença de incerteza na prática clínica.

Problemas associados à deterioração da qualidade do tratamento e equidade no acesso, nomeadamente, através do processo de selecção de pacientes com base nos custos de tratamento, constituem outra dimensão dos riscos que envolvem os serviços clínicos. Como Arrow (1963;142) refere, "a inexistência de mercados que assegurem certos riscos, reduz o bem-estar para aqueles que desejam transferir esses riscos para outros a um determinado preço, assim como, para aqueles que procuram neles o lucro, aceitariam a tal preço. Mas também reduz o desejo de entregar ou consumir serviços que tenham consequências em termos de riscos."

Em síntese, é difícil assegurar que os serviços clínicos sejam fornecidos de acordo com as especificações, se é que elas são possíveis de determinar de forma objectiva e observável. Como referem Fourie e Burger (2000:22), "as PPP enfrentam alguns dos mesmos problemas encontrados na regulação, como a dificuldade na mensurabilidade da eficiência e eficácia no fornecimento dos serviços".

Assim, parecem ser fracos os argumentos da racionalidade a favor da inclusão dos serviços clínicos no pacote conjunto de serviços a fornecer pelas PPP de saúde, pois estas, ficam feridas no alcance da eficiência, na medida em que é difícil, até ao momento, determinar com rigor necessário, a mensurabilidade e risco (dois elementos essenciais ao seu sucesso) dos cuidados médicos.

3.3.2. *Contratos imperfeitos*

O mecanismo de PPP assenta no estabelecimento de um contrato sob forma escrita entre duas entidades, um parceiro privado e o governo, o qual é de grande exigência em termos de detalhe e especificação. No contrato são incluídas e especificadas todas as situações referentes às relações entre os parceiros, aos serviços a fornecer, aos resultados, ao sistema de avaliação e monitorização bem como às condições de remuneração e penalização a aplicar.

No entanto, os contratos são imperfeitos ou incompletos. A sua imperfeição resulta do facto de nunca se conseguir uma especificação completa quer do detalhe dos serviços a fornecer, dos indicadores de desempenho e da sua monitorização, quer da inclusão de situações de contingências futuras e seus efeitos, ou ainda, a actividade de especificação e mensuração é de tal maneira complicada que representa um custo muito elevado ou mesmo proibitivo para a sua realização. Assim, considera-se

130   *Fundamentos e Modelos nas Parcerias Público-Privadas...*

que existem eventos que não são possíveis de especificação e/ou previsão, deixando-os omissos no contrato.

A incapacidade, de ambas as partes, em redigir de forma antecipada e clara um contrato que contemple todas as situações futuras possíveis, torna os contratos ambíguos ou incompletos, afirmando-se, neste sentido, que existem serviços não contratáveis. São, assim, assinados contratos genéricos em que muitos dos detalhes surgem quando o contrato já se encontra em vigor (Bennet e Iossa, 2005; Besley e Ghatak, 2001; Bentz *et al.*, 2001; Hart e Moore, 1998; Hart, Shleifer e Vishny, 1997).

No âmbito da teoria dos contratos imperfeitos têm sido desenvolvidos estudos que analisam o impacto dos mesmos na divisão de responsabilidades e/ou na estrutura dos direitos de propriedade das organizações e na estrutura contratual da relação pública-privada. No campo da relação contratual pública-privada, a maioria dos modelos estudados cinge-se apenas ao efeito que os contratos incompletos geram na estrutura de direitos de propriedade referente aos bens ou infra-estruturas imóveis públicos, objecto de contrato[59], com efeitos na decisão da sua subcontratação ou produção interna por parte do governo, e não abrangendo propriamente a dimensão dos serviços públicos.

Os diversos estudos revelam que existe um conjunto de inovações supervenientes ao momento da assinatura do contrato, antecipadamente desconhecidas e não contratadas, que produzem efeitos sociais e que conjugadas com a divisão dos direitos de propriedade[60] exercem influência no desempenho ou eficiência dos contratos, determinando a opção por modelos de produção interna ou de contratação ao parceiro privado de determinadas actividades ou serviços. As situações mais comuns de inovações são: a inovação na redução de custos e a inovação na melhoria de qualidade.

---

[59] Para uma análise detalhada dos estudos ver Bennet e Iossa (2005), Besley e Ghatak (2003), Bentz *et.al.*, (2001) e Hart e Moore(1998).

[60] Os direitos de propriedade são de dois tipos: direitos de propriedade específicos, (ex.: propriedade dos bens) e os direitos de controlo residual. Estes últimos, referem-se aos direitos de controlo do exercício de actividades, independentemente de quem é o proprietário dos bens físicos, com direitos reais, em que o detentor dos direitos de controlo tem o poder de decisão ou de veto sobre alterações de procedimentos ou inovações a desenvolver. Os direitos de controlo residual referem-se ao poder de decisão ou de veto sobre acções que não foram contempladas no contrato, portanto não contratadas, durante o período contratual (Bennete Iossa , 2005; Hart, Shleifer e Visher , 1997).

As PPP na Saúde: os Serviços Clínicos 131

No entanto, para que qualquer inovação superveniente possa ser implementada após descoberta, necessita da aprovação do detentor dos direitos de controlo residual, gerando, em determinadas situações, o processo de renegociação contratual entre os parceiros privado e público. Qualquer acção inovadora é geradora de efeitos negativos e positivos, como seja, por exemplo, a redução dos custos com deterioração da qualidade ou a melhoria da qualidade com efeito no aumento dos custos, e como tal gera situações de insuficiente investimento (Bennet e Iossa, 2005; Hart, Shleifer e Visher, 1997).

Segundo Hart (2003:C71), "a opção de escolha entre a propriedade privada e pública depende em que medida qual destes efeitos [custos e qualidade] é mais importante".

Em síntese, os estudos revelam de forma generalizada que o modelo de propriedade privada, ou seja, a inclusão no regime contratual de determinado actividade ou serviço, é favorável nas situações em que existem condições para uma maior amplitude na redução de custos durante o ciclo de vida contratual e menor importância para a qualidade. Assim, o impacto adverso da redução de custos na qualidade não é significativo ou a mesma é fácil de contratar, especificar e mensurar e desta forma limitar os efeitos adversos. Em sentido contrário, o modelo de propriedade pública, ou seja, a produção interna é preferível quando a amplitude e incentivos para a redução de custos potenciais é pequena e a importância da qualidade é grande e a mesma é difícil de especificar e mensurar.

Com base nas evidências dos contratos imperfeitos, procura-se realizar uma abordagem à decisão de inclusão ou não dos serviços clínicos no contrato de parceria, isto é, a opção de ficarem sob responsabilidade privada ou pública. Neste sentido, e por simplificação cinge-se a abordagem ao subsector hospitalar, interessa apenas a fase operacional/ exploração do hospital correspondente aos serviços de cuidados médicos que constituem actividade principal ou *core business* de um hospital. Assumindo que a decisão da restante parte se encontra efectuada e afecta ao contrato de PPP, sendo de propriedade privada.

É reconhecido que as inovações de concepção e construção da infra-estrutura hospitalar têm impacto no desempenho do processo de cuidados médicos, nomeadamente, no que concerne à concepção dos fluxos, *lay-out* dos equipamentos médicos e dos serviços de cuidados médicos em conformidade com o ciclo de tratamento da doença, da sua coordenação e interdependência, contribuído para responder com maior flexibilidade a variações de volume e redução de tempo, etc.

132 *Fundamentos e Modelos nas Parcerias Público-Privadas...*

E, ainda, que as PPP, combinando a propriedade privada com os serviços, apresentam grande amplitude e um forte incentivo para a redução de custos ao longo de todo o ciclo de vida da infra-estrutura. Apesar da combinação daqueles dois elementos ser um forte motor da eficiência, existem circunstâncias, num mundo de contratos imperfeitos, em que a redução de custos pode comprometer outros objectivos e onde a importância do impacto social não é menor, como a qualidade dos serviços.

Como anteriormente foi referido, nem todos os serviços conseguem ser contratualmente especificados e mensurados de forma a reduzir contingências futuras não previstas. Nos cuidados médicos essa tarefa é extremamente difícil, onerosa e se não mesmo impossível, em virtude quer das características intrínsecas dos próprios serviços, com presença de incerteza, grande variação de prática médica, cuidados individualizados, limitada capacidade de avaliação da qualidade por parte dos pacientes, quer pela elevada propensão para a ocorrência de inovações na medicina e na aplicação de tecnológicas.

Existe, assim, uma elevada probabilidade nos serviços clínicos para a ocorrência de eventos não contratados, com efeito nos custos e qualidade dos serviços prestados. Como Hart, Shleifer e Visher (1997:1128) referem, "tal posição [eventos não contratáveis – contratos incompletos] não é difícil de estabelecer, na medida em que é reconhecido que a qualidade dos serviços do sector público muitas vezes não pode ser especificada".

Sabendo que o tipo de propriedade afecta o comportamento do proprietário, assume-se para os serviços clínicos um comportamento análogo ao comportamento dos proprietários nas infra-estruturas. Neste sentido, descreve-se, de forma simplificada, o comportamento do proprietário privado e público nos serviços, perante duas inovações, redução de custos e melhoria de qualidade, supervenientes à assinatura do contrato.

Antes deve-se explicitar que os principais factores produtivos nos serviços clínicos são o factor humano (os médicos, enfermeiros e técnicos especialistas) e os equipamentos médicos, sobre os quais os gestores poderão actuar procurando alcançar maior eficiência técnica (Barros, 2005).

Quando os direitos de controlo residual são privados, o proprietário tem poder de decisão sobre a implementação da inovação e como tal implementa unilateralmente se ela lhe gera ganhos ou nível de redução de custos operacionais, não atendendo aos efeitos negativos que esta tem sobre a qualidade, na medida em que os ignora, pressupondo a não violação dos padrões mínimos estabelecidos em acordo. Mas, essa inovação gera consequências sociais, com impacto na qualidade, a qual apesar de não ser contratável é observável, por ambos os parceiros, mas não verificável por terceiros, os pacientes. Neste sentido, Hart, Shleifer e Visher (1997:1128) referem ser argumentado que "os privados cortam a qualidade no processo de redução de custos porque os contratos não salvaguardam adequadamente quanto a esta possibilidade".

A inovação que incrementa a qualidade é geralmente acompanhada por aumentos de custos para o parceiro privado, por exemplo, com a necessidade da realização de avultados investimentos em melhores e mais equipamentos, na alteração e melhoria de processos e em salários. Neste caso, o privado não tem interesse em implementar a inovação, quer pelo investimento que representa, quer por ignorar o impacto favorável que tem no interesse público, e, assim, surgem situações de sob investimento. A menos que obtenha retorno dessa inovação, compensação via pagamento, o que será conseguido se existir renegociação do contrato com o parceiro público, sendo os benefícios, então, partilhados entre ambas as partes. Desta forma, consegue-se o aumento do benefício social.

Quando os direitos de controlo são públicos, não existe grande propensão para a poupança de custos, uma vez que os objectivos centram-se mais na defesa do interesse público, sendo assim colocado menos ênfase na redução de custos e mais nos benefícios sociais (Balduzzi, 2005; Riss, 2005). Assim, os fracos incentivos para a redução dos custos são socialmente eficientes, uma vez que os efeitos negativos na qualidade dos serviços clínicos são fracos (Hart, Shleifer e Visher (1997:1142).

Já a inovação na qualidade vai de encontro aos objectivos de interesse público do governo, procurando que a implementação da mesma nos serviços clínicos gere benefícios sociais. Aqui existe um custo directo da inovação nos custos operacionais do hospital, pelo facto das inovações ocorrerem por via de dois factores produtivos: o esforço dos trabalhadores e investimento em equipamentos médicos.

O esforço dos trabalhadores tem impacto directo no aumento do benefício social, medido através da melhoria da qualidade dos serviços clínicos. Este esforço depende de dois factores: do seu salário e dos investimentos em equipamento, aumentando a utilidade dos trabalhadores no alcance dos resultados. Os investimentos ou inovações produtivas e esforço dos trabalhadores aumentam a qualidade dos serviços, sendo estes dois factores mutuamente dependentes (Balduzzi, 2005:145). O autor conclui (p.152) que " a propriedade pública é preferida quando o esforço dos trabalhadores é muito relevante para o sucesso do serviço", como é o caso dos cuidados médicos.

No entanto, são colocados dois problemas no modelo de propriedade privada, decorrentes das inovações retratadas: i) o impacto social; e ii) a necessidade de elevada flexibilidade contratual. Quanto ao primeiro, nos serviços clínicos, a redução de custos tem impacto social directo na qualidade da prestação, como seja, por exemplo, nos casos dos pacientes com patologias graves e tratamentos dispendiosos. Este facto é agravado pela dificuldade da mensuração e avaliação da qualidade dos serviços clínicos (Hart, Shleifer e Visher, 1997). O segundo decorre do facto da inovação pela melhoria de qualidade levantar o problema da renegociação ou flexibilidade contratual. No campo dos cuidados médicos as alterações são constantes a vários níveis (inovação tecnológica, fármacos, tratamentos, processos, dificuldades de mensuração e de especificação, presença de incerteza, etc.) requerendo adaptações constantes tanto mais que o esforço da melhoria da qualidade é contínuo e sistemático.

Estes factos conferem um período de vida ou validade muito curto na obtenção de sinergias entre os parceiros privado e público, resultante da inclusão dos serviços nos contratos de parceria. Além de que exige uma constante adaptação e, como tal, constantes renegociações contratuais, o que é incompatível com um contrato de longo prazo como é o das PPP, gerando ainda elevados custos de transacção (Riss, 2005). Todos os contratos envolvem custos de transacção, que variam em cada sector de acordo com a natureza dos serviços, pelo que os potenciais ganhos de eficiência obtidos podem ser desperdiçados com custos oriundos de sucessivas renegociações contratuais (Rico and Puig-Junoy, 2002).

Para Hart, Shleifer e Visher (1997), os modelos diferem essencialmente pelo impacto adverso que provocam na qualidade dos serviços, pelo que defendem que (p.1130) "em geral quanto maiores são as consequências adversas da redução de custos (não contratáveis) na qualidade (não contratável) mais forte é o caso para a realização própria e fornecimento dos serviços [portanto exclusão do contrato]".

3.3.3. Defesa do interesse público

O conceito de interesse público varia de contexto para contexto, mas de um modo geral e nas economias mistas onde imperam os modelos de Bismarck e Beveridge, aquele encontra-se associado às razões que justificam a intervenção do Estado na sociedade. Na generalidade, as razões prendem-se com o assegurar a defesa do interesse colectivo, garantindo o acesso a um conjunto de bens e serviços básicos visando melhorar o bem-estar aos cidadãos. O interesse público reflecte, assim, um conjunto de valores e objectivos sociais de uma sociedade, ou da sua maioria, baseados em princípios de serviço universal e equitativo, de continuidade, qualidade, acessibilidade financeira e defesa dos utentes e consumidores, os quais emergiram do *Welfare State*. Esses serviços são essenciais para promover a coesão social e a melhoria da qualidade de vida dos cidadãos, constituindo mesmo "um alicerce essencial do modelo de sociedade Europeu" CCE (2001:3).

No que se refere ao sector da saúde, os objectivos centram-se em assegurar e promover condições para a melhoria da saúde geral da população. Esta meta deve ser cumprida respeitando princípios de interesse público, como seja, o acesso universal e equitativo aos serviços de saúde, o financiamento tendencialmente gratuito bem como a prestação de serviços com qualidade e eficiência. Estes princípios, de interesse público, integram uma dimensão de objectivos políticos requerendo um grande envolvimento dos próprios governos (Rico e Puig-Junoy, 2002).

A evolução das sociedades modernas, com crescente acesso ao conhecimento dos desenvolvimentos da medicina, fazem emergir uma crescente pressão social sobre os governos, com movimentos crescentes de cidadãos e organizações para a exigência e promoção dos direitos dos pacientes. Desta evolução resulta um novo entendimento da doença em que a mesma deixa de ser aceite como uma fatalidade, para uma posição em que tem sempre de haver respostas e se espera, quase sempre, que haja cura. Estas novas expectativas envolvem a necessidade de maior justiça social, equidade no acesso a cuidados médicos, e elevado nível de qualidade na prestação. Assim, além da revolta de quem se encontra doente, este dificilmente aceitará a criação de dificuldades no acesso aos tratamentos ou que sejam de baixo nível de qualidade (Fragata e Martins, 2004).

Nas PPP hospitalares, e decorrente da abordagem efectuada nas duas secções anteriores, 3.3.1 e 3.3.2, interessam dois princípios de interesse público, no âmbito dos cuidados médicos, a equidade e qualidade, assumindo que os restantes se encontram garantidos.

A equidade engloba o direito de acesso a todos os cuidados médicos (diagnósticos e tratamentos) de acordo com as necessidades efectivas e as expectativas dos pacientes na resolução dos seus problemas de saúde, sem descriminação em função do custo dos tratamentos ou da rendibilidade dos mesmos. Garantir este princípio é contribuir para a coesão social (Simões, 2004a; WHO, 2002).

Quando os serviços e resultados são de difícil especificação, avaliação e monitorização e quando existe a presença de elevada assimetria de informação, estão criadas condições para o surgimento de falhas contratuais e de um vasto campo para que ocorra a selecção indetectável de pacientes, ou seja, ocorra *"cream-skimming"*. Como já foi referido, nos contratos imperfeitos, os parceiros privados produzem inovações nos custos com impacto social directo, na medida em que pode ocorrer a selecção adversa em função do tipo e custo de tratamento a proporcionar, escolhendo-se os pacientes menos onerosos ou prestando cuidados de menor qualidade aos mais onerosos (Connolly e Munro, 1999; Fragata e Martins, 2004; Propper *et al.*, 2005; Rico e Puig-Junoy, 2002).

O interesse público, no que se refere à qualidade, reside em garantir e assegurar que os cuidados médicos são prestados de forma aceitável e com eficácia, envolvendo a dimensão técnica e a funcional, e simultaneamente corresponder às expectativas dos pacientes na obtenção de resultados. Como foi referido, nas secções anteriores, a qualidade é de difícil definição, mensuração e avaliação, tendo uma dimensão multidimensional.

Garantir a qualidade significa, ainda, reduzir a incerteza quanto à obtenção dos resultados da cura, procurando garantir que a prática clínica é a mais adequada. Por outro lado, a segurança do paciente assume também elevada relevância como componente de qualidade e consequente interesse público. Proporcionar protecção quanto à integridade física e à parcial ou total recuperação dos pacientes, bem como minimizar o seu sofrimento, resultante da prestação de cuidados médicos, são padrões de qualidade que constituem uma preocupação do interesse público, e o qual deve procurar assegurar. Citando OCDE (2003b:16), esta refere que "assegurar a segurança e a prestação de cuidados médicos apropriados de elevada qualidade técnica, são vistos como meio crítico para alcançar os objectivos de saúde e satisfação".

As PPP na Saúde: os Serviços Clínicos 137

Os estudos que têm vindo a ser realizados nos Estados Unidos, desde o início da década de noventa, têm revelado a dimensão dos problemas relacionadas com a segurança e com os erros médicos. Um estudo promovido pelo *Institute of Medicine* americano (IOM), publicado em 2000[61], revela que neste país os erros médicos são responsáveis por causarem mais mortos do que os causados em acidentes viação, mencionando que entre 44.000 e 98.000 pacientes morrem nos hospitais americanos em consequência de erros ocorridos no seu tratamento OCDE (2003b:18).

A questão da qualidade tem assumido crescente preocupação nos objectivos políticos, nomeadamente, no que se refere à segurança e aos erros médicos. Os governos tornam-se, assim, mais conscientes e prestam mais atenção em assegurar que os pacientes estejam mais satisfeitos com os cuidados médicos oferecidos pelo sistema de saúde. Para a crescente preocupação pela qualidade, contribui a declaração dos direitos ou da protecção dos pacientes, conferindo o direito de informação aos pacientes pelos serviços prestados, constituindo um elemento de pressão quer sobre as organizações que prestam cuidados médicos, quer para com os governos (Fragata e Martins, 2004; OCDE, 2003b; Scrivens, 2002).

Apesar dos esforços desenvolvidos a nível internacional no campo da melhoria da qualidade na prática clínica, com o estabelecimento de medidas fundamentadas na medicina baseada na evidência e na auditoria clínica, os resultados são ainda muito ténues. Em larga medida, porque o processo de monitorização implica o recurso a avultados meios tecnológicos, sistemas de recolha e tratamento de dados bem como incorrem em avultados custos. Acresce, ainda, que a definição dos padrões, *guidelines,* de medicina exigem consenso por parte dos principais agentes, os médicos, o que é difícil de alcançar. Assim, considera-se prematura a avaliação dos efeitos desta nova abordagem, pois os mesmos para além de enfrentarem numerosos desafios, tecnológicos e outros, ainda se encontram no começo (Cabana *et al.*, 1999; Fragata e Martins, 2004; OCDE, 2003b; Rico e Puig-Junoy, 2002).

A questão central continua a residir na informação assimétrica existente entre médico e paciente, na presença de incerteza na prática médica,

---

[61] *To err is Human: Building a Safer Health System.* Kohn L.T., Carrigan, J.M and Donaldson M.S., Institute of Medicine, National Academy Press, Washington 2000.

138   *Fundamentos e Modelos nas Parcerias Público-Privadas...*

elementos que constituem o ponto difusor de todas as dificuldades enumeradas no presente capítulo. Essas dificuldades persistirão quer a provisão de cuidados médicos seja realizada por entidades privadas, quer por entidades públicas. O facto dos serviços clínicos serem transferidos para o parceiro privado, conduzirá a que este passe a deter mais informação e melhor conhecimento que o comprador, governo, acerca das verdadeiras necessidades e amplitudes para os tratamentos médicos e da qualidade dos serviços prestados. Apesar do parceiro não controlar as escolhas dos médicos, influenciá-las-á no sentido da minimização dos custos, existindo assim um comportamento oportunista por parte de quem maior informação relativa tem, ou seja, cai-se no domínio dos problemas de agência.

Transferindo os cuidados médicos para o parceiro privado, o governo priva-se, ele próprio, do acesso a toda a informação disponível, ficando assim diminuído na sua responsabilidade de protecção dos pacientes contra o abuso ou exploração por parte de quem tem vantagens consideráveis na informação (Connolly e Munro, 1999; Crampes e Estache, 1997; Maltby, 2003). A obtenção da informação, quer dos custos de tratamento, quer da qualidade dos cuidados prestados, constitui um vector essencial na defesa do interesse público no sector da saúde, na medida em que contribui para minorar a assimetria de informação resultante da prática clínica. Mais e melhor informação é necessária quer para promover a melhoria do desempenho nos cuidados clínicos, quer para proteger os direitos dos pacientes.

Acresce ainda que a difusão pública da informação produz externalidades nos consumidores, promovendo nestes, por exemplo, maior percepção na avaliação dos serviços recebidos. Uma vez que nos cuidados médicos não é o consumidor directo, o paciente que compra o serviço, o acesso e disponibilidade de mais informação contribui para reduzir o desequilíbrio provocado pela informação assimétrica (Hammer, 1997; HWO, 2000; Maltby, 2003; Musgrove, 1996; OCDE, 2003b; Salop, 1976; Scrivens, 2002).

Neste sentido, e nas condições actuais de conhecimento, a recolha e difusão da informação na actividade clínica é melhor realizada pela acção directa do Estado que desta forma melhor garante e defende o interesse público.

As PPP na Saúde: os Serviços Clínicos 139

3.3.4. Eficiência

O aumento da eficiência é o factor que mais contribui para a inclusão dos serviços clínicos nos contratos de PPP. É no âmbito dos serviços clínicos que são tomadas decisões que geram as maiores consequências sobre os custos do sistema. Opções, de quais os diagnósticos e tratamentos a efectuar, os fármacos a administrar, etc., constituem exemplos dessas decisões.

O conceito de eficiência aqui adoptado será o da eficiência técnica, que se encontra interligada, por sua vez, com a eficiência tecnológica. Como já se referiu, os principais factores produtivos num hospital são os recursos humanos (médicos, enfermeiros, técnicos especialistas, entre outros), e equipamentos médicos, camas, etc. A eficiência tecnológica mede as combinações possíveis de factores produtivos para alcançar um determinado resultado ou produção procurando alcançar uma combinação óptima que não gere desperdícios na aplicação dos factores. No entanto, para que tal seja possível é requerida a existência de substituibilidade entre factores. À combinação de recursos deve-se adicionar o seu preço de aquisição (seu custo), de forma a obter-se a eficiência técnica. Esta é entendida como a combinação de recursos que minimiza o seu custo (Barros 2005).

Nos serviços clínicos, a determinação das combinações dos factores produtivos a utilizar e os consumos de fármacos e de outros bens consumíveis são determinados pelo médico. No tratamento curativo de um doente, é o médico que decide os diagnósticos e tratamentos curativos a realizar, sem ponderar os custos que estes representam, pois rege-se pelo espírito Hipocrático.

A inclusão dos serviços clínicos nos contratos de PPP contribuirá para a obtenção de maiores ganhos de eficiência técnica, alcançáveis através do esforço da organização de processos e da racionalização de recursos integrados no todo do ciclo de exploração da infra-estrutura hospitalar. A obtenção de maior eficiência é favorecida porque o parceiro privado tem fortes incentivos para obtenção e focalização na minimização dos custos, ou seja, obtenção do lucro, mais do que o parceiro público. Segundo Barros (1999:6), o esforço do parceiro privado "é algo dificilmente observável [pelo parceiro público] mas que tem custos", bem como produz efeitos negativos ao nível da qualidade, em virtude desta ser de difícil verificação. Ora, a causa de tais efeitos reside na presença de forte informação assimétrica, com o prestador de cuidados médicos (parceiro privado) a deter vantagem na posse da informação.

Para além da já referida barreira à obtenção de eficiência, outras se colocam, como sejam, a resistência dos médicos – actores centrais dos cuidados de saúde; os procedimentos clínicos que o próprio parceiro privado não controla; a presença de incerteza nos serviços prestados e por último, o desconhecimento dos custos futuros, no sentido em que a evolução do tratamento proposto é desconhecida.

3.4. Evidências das experiências internacionais

No Capítulo 2 abordaram-se as experiências internacionais no desenvolvimento das PPP na saúde, tendo-se constatado que o modelo dominante é o DBFO com exclusão dos serviços clínicos. A evidência para a exclusão dos serviços clínicos do pacote de serviços que integram as PPP da saúde a nível internacional, parece fundamentar-se nos critérios tratados no subcapítulo 3.3, afastando os critérios de opção política.

No Reino Unido, e apesar dos serviços clínicos representarem cerca de 70% dos custos hospitalares (Sussex, 2001:59), os mesmos não são incluídos nos modelos contratuais de parceria. NHS (1999:4) refere explicitamente que "o National Health Service mantém-se responsável por prestar serviços de cuidados médicos de elevada qualidade aos pacientes".

Podemos encontrar referências aos critérios invocados na secção 3.3 nas experiências em curso de PPP na saúde. Na avaliação realizada pelo NAO ao contrato de PPP do Darent Valley Hospital destaca-se a recomendação efectuada relativa à mensuração do desempenho. É referido em NAO (2005a:6) que "o *Trust* deve reduzir, tanto quanto possível, a subjectividade na forma como é mensurado o desempenho". A subjectividade na definição dos critérios de avaliação conduz a diferentes interpretações causando assim falhas na avaliação do desempenho e resultados (p.17).

Similar ao sector das tecnologias onde as experiências com as PPP têm obtido fracos resultados em virtude das constantes adaptações contratuais resultantes das alterações tecnológicas e da dificuldade na definição clara de objectivos, também o sector da saúde sofre idênticos problemas. Como é referido no relatório NAO (2002:2) acerca do West Middlesex University Hospital, "o planeamento de longo prazo é difícil

As PPP na Saúde: os Serviços Clínicos 141

nos serviços de saúde, porque existe um conjunto de variáveis que sofrem alterações ao longo do tempo, incluindo a alteração da demografia local".

Face às constantes alterações do ciclo de vida, é difícil definir e especificar quer os próprios serviços, quer os padrões de sua avaliação a incluir nos contratos de longo prazo. Por este motivo, muitos serviços não são totalmente contratáveis requerendo constantes adaptações contratuais, o que torna inviável o estabelecimento de contratos de longo prazo. A existência de incertezas requer grande flexibilidade contratual para lhes fazer face e tal como é referido em NAO (2005a:18), "a experiência do *Trust* confirma que existem eventos cuja ocorrência é inevitável e que os mesmos não se encontram abrangidos nos contratos". O risco de inapropriadas práticas clínicas constitui risco de contrato, devendo ser equacionado na avaliação da transferência de risco, que por sua vez, não é fácil de dominar.

Infere-se assim, que é necessária uma certa estabilidade no sector e nos serviços objecto de contrato, de forma a não existirem constantes renegociações contratuais que façam crescer os custos de transacção colocando, assim, em causa os potenciais ganhos de eficiência. Neste sentido, considera-se fundamental que "o sector público retenha capacidade de flexibilidade no fornecimento de serviços […], de forma a gerir eficientemente tais mudanças" HMT (2003:35).

A busca de maior eficiência é efectuada onde existem provas de obtenção de VfM apropriado, assente em especificações claras de *output* e *outcome*. No entanto, "existem áreas onde o alcance do VfM pode não ser possível, em virtude quer das experiências passadas quer da não compreensão de todas as variáveis condutoras de VfM" (HMT, 2006:32). O caso dos serviços clínicos é uma dessas áreas, onde o domínio e controlo da determinação do VfM são difíceis.

A obtenção de informação necessária para conseguir uma melhoria contínua da qualidade nos cuidados médicos, onde a redução da variabilidade da prática clínica e dos erros médicos ocupa crescente importância, bem como a difusão da informação por forma a facilitar quer a escolha, quer a capacidade de avaliação dos serviços prestados por parte dos cidadãos, constituem objectivos de interesse social. A regulação interna através da presença do governo na prestação de serviços clínicos parece ser a forma preferida pelo governo britânico no sentido de alcançar tais objectivos. Desta forma, o governo apropria-se directamente da informação obtida das inovações que ocorrem no campo da medicina, bio-

142 *Fundamentos e Modelos nas Parcerias Público-Privadas...*

médica, tecnologia médica e farmacêutica, encontrando-se melhor colocado para tomar vantagem das oportunidades oferecidas por tais inovações e assim melhor defender e desenvolver os interesses da sociedade, no campo da saúde (NHS, 2000).

Também da experiência Australiana se pode retirar alguns ensinamentos. As experiências contratuais, envolvendo a transferência da prestação de serviços clínicos para entidades privadas, revelam a existência de sérias limitações nos padrões de qualidade definidos e contidos nos contratos e na capacidade do sector público assegurar o controlo dos mesmos. No caso do La Trobe Regional Hospital, é referida a falha em garantir a continuidade dos padrões de qualidade de cuidados médicos e dificuldades de monitorização dos mesmos (AGWA, 1997; Pollock, *et al.*, 2001).

A dificuldade de mensuração e avaliação do desempenho tem constituído um motivo para a rescisão de contratos de prestação de serviços clínicos. A dificuldade de quantificar os serviços é tão grande que até quando existem cláusulas de penalização podem, no entanto, ser impossíveis de aplicar na prática (Pollock, *et al.*, 2001:30).

Segundo AGWA (1997:36-7), "os progressos feitos na avaliação da qualidade dos serviços hospitalares não se encontram suficientemente avançados para conduzirem a uma melhoria efectiva dos cuidados prestados aos pacientes", até porque "os padrões de qualidade habitualmente definidos nos contratos têm reduzido amplitude".

4. O MODELO PORTUGUÊS DE PPP NA SAÚDE

O presente capítulo constitui um contributo para a discussão e reflexão sobre o modelo adoptado face ao que já se conhece de outras experiências realizadas na saúde. Será realizado uma caracterização do modelo português, tendo como suporte principal a informação disponível no quadro legislativo publicado sobre as PPP.

O capítulo inicia-se com uma breve abordagem ao surgimento das PPP em Portugal, seguindo-se uma caracterização e enumeração de fragilidades e virtudes do modelo adoptado para a saúde, à luz das experiências internacionais previamente analisadas.

4.1. Breve resenha histórica

Em Portugal, a utilização das parcerias público-privadas iniciou-se há cerca de uma década atrás no sector dos transportes, tendo aquelas assumido a forma de concessão na prestação de um serviço público contratualizado por um período de longo prazo (30 anos), nesta parceria, entre um parceiro público e um consórcio privado, é possível utilizar-se uma infra-estrutura existente ou, em alternativa, a concepção, construção e gestão de uma nova infra-estrutura, com financiamento privado ou público (Monteiro, 2005:73). Após a introdução no sector dos transportes, com maior predomínio para as auto-estradas, vias-férreas e transportes eléctricos[62], as parcerias encontram-se em expansão para outros sectores como os da saúde, água e saneamento e prisões.

---

[62] O caso mais conhecido de PPP em Portugal é o da Ponte Vasco da Gama, em 1998 (Monteiro, 2005).

144   *Fundamentos e Modelos nas Parcerias Público-Privadas...*

À semelhança de outros países (nomeadamente, os que integram a UE), em Portugal aponta-se como principal razão para o recurso às PPP os limitados recursos financeiros e as restrições orçamentais que os diferentes governos têm enfrentado, e ainda enfrentam, decorrentes do cumprimento das regras de adesão à moeda única (PWC, 2005a:38).

Como é referido pelo Tribunal de Contas, a introdução das PPP em Portugal realizou-se sem que se estabelecesse previamente um quadro normativo próprio: "em Portugal, as PPP começaram a ser desenvolvidas antes de se ter definido o seu enquadramento legal e orçamental específico" (TC, 2005:37).

Em 2002, o governo publicou o primeiro diploma legal[63] de enquadramento das PPP, mas apenas para a regulação destas no sector da saúde, através do qual se promove a participação do sector privado na gestão e financiamento de unidades hospitalares do Sistema Nacional de Saúde.

Apenas em 2003, introduziu a lei geral das PPP no normativo legal português, com a publicação do Decreto-Lei 86/2003, de 26 de Abril, o qual "veio preencher o vazio legal relativo à ausência de normas gerais aplicáveis à intervenção do Estado no âmbito das PPP" (TC, 2005:37). Foi através deste diploma que se procurou, em Portugal, instituir princípios gerais a que deve obedecer no processo de lançamento e contratação de uma PPP. Dentro desses princípios destaca-se a procura de maior eficiência, vincando aspectos a respeitar, tais como: a procura de uma efectiva partilha de risco, a necessidade de subordinação dos projectos a uma avaliação do VfM, confrontando-os com o comparador público e a necessidade da melhoria quantitativa e qualitativa dos serviços a prestar (TC, 2005:37-38). Foi ainda estabelecido um intervalo para o valor e prazo contratual que os projectos deveriam satisfazer para integrarem uma PPP. Esse intervalo situa-se no valor mínimo de €10.000.000 (encargo anual acumulado actualizado) ou com um valor de investimento superior a €25.000.000 e a fixação de um prazo que deverá ser superior a três anos não ultrapassando os 30 anos[64].

Este normativo legal veio, também, estabelecer regras que assegurem uma melhor coordenação entre os ministérios promotores de projectos em PPP, de forma a contribuir para uma abordagem que garanta melhor determinação do VfM (S&P, 2005:20).

---

[63] Decreto-Lei 185/2002, de 20 de Agosto.
[64] Decreto-Lei n.º 86/2003, de 26 de Abril, art. 2.º, n.º 5, alínea e) e d).

O *Modelo Português de PPP na Saúde*

145

Ainda em 2003, procedeu-se à constituição da unidade difusora de PPP[65] em Portugal. Foi incumbida a Parpública, S.A., de prestar o apoio técnico ao Ministério das Finanças, nomeadamente, na concepção e avaliação dos modelos de parceria, preparação de parâmetros macroeconómicos e de partilha de riscos.

A experiência portuguesa, na utilização das PPP, tem revelado diversas dificuldades e ineficiências (Monteiro, 2005:79; TC, 2005). Estas são de vária ordem, sendo a de maior relevo a que se situa ao nível governamental, onde as constantes alterações de governo, ocorridas no passado recente, têm gerado dificuldades no alinhamento contratual das PPP com as políticas governamentais. Este facto tem-se traduzido na falta de consistência legislativa, regulamentar e governamental na dinamização do mecanismo PPP.

Mas outras dificuldades e insuficiências surgem no âmbito do processo de concurso, de avaliação e monitorização dos projectos. Ao nível do processo concursal destaca-se a deficiente preparação dos concursos, que se realizam sem serem previamente asseguradas as aprovações ambientais exigíveis e autorizações de licenciamento por parte do poder local. Ao nível da avaliação e acompanhamento, constata-se a obtenção de reduzidos níveis de eficiência, encontrando-se, esta, focalizada essencialmente nos factores de *input* em detrimento da orientação para os *output* e resultados, ausência de comparador público, deficiente partilha de riscos levando a constantes reposições de reequilíbrios financeiros – compensações financeiras, a favor do parceiro privado, as quais têm representado a segunda maior rubrica de encargos financeiros. A falta de competências técnicas por parte do parceiro público, ao nível do processo de avaliação e monitorização dos contratos e projectos, tem-no tornado muito dependente de consultores externos (Monteiro, 2005;TC, 2005; 2006).

Recentemente, o DL n.º 141/2006, de 27 de Julho, veio alterar o anterior DL n.º 86/2003, no sentido de introduzir melhorias com vista a superar algumas das deficiências atrás referenciadas bem como a fixação de novas exigências. No preâmbulo daquele novo diploma, observa-se o reconhecimento de um conjunto de deficiências e dificuldades na implementação dos projectos de PPP, quando se admite que "decorridos três anos [após a entrada em vigor do DL 86/2003], verifica-se, todavia, que a

---

[65] Despacho Normativo n.º 35/2003, de 20 de Agosto.

146 *Fundamentos e Modelos nas Parcerias Público-Privadas...*

experiência aconselha a que se proceda à sua revisão, corrigindo deficiências ou fragilidades [...] e introduzir um conjunto de inovações".

Ora, do conjunto de inovações que o DL introduziu podemos salientar as seguintes: i) passa a ser obrigatória a obtenção prévia, ao lançamento da parceria, da declaração de impacto ambiental e de outras autorizações e pareceres administrativos; ii) estabeleceu-se limitação na contratação, por parte do Estado, de consultores externos tendo a mesma que ser justificada e o âmbito da sua intervenção possuir um enquadramento claro e preciso, bem como a fixação de sanções para os casos de conflitos de interesse desses consultores; iii) estabeleceu-se a clarificação do modelo de partilha de risco, nomeadamente, a obtenção de benefícios financeiros pelo parceiro público, partilha equitativa, decorrente das reestruturações financeiras da parceria; iv) introdução de obrigações e mecanismos que reforçam a coesão entre entidades públicas. São exemplo, dessa coesão, instituir a obrigatoriedade de constituir, em regra, comissões de negociação para as situações de alteração contratual celebradas ou quando haja lugar à reposição de equilíbrio financeiro.

A introdução das PPP na saúde foi efectuada, em Portugal, pelo DL n.º 185/2002, de 20 de Agosto, o qual tem sido melhorado quer por um conjunto de diplomas[66] com normas transversais aplicáveis às PPP, quer por regras específicas aplicadas ao sector da saúde[67]. Refira-se, no entanto, que primeiramente foi constituída pela Resolução do Conselho de Ministros n.º 162/2001, de 16 de Novembro e integrada no Ministério da Saúde, a Unidade das PPP bem como a dos seus objectivos gerais, que consistem na supervisão e coordenação da preparação, lançamento e condução dos concursos de parcerias (Simões, 2004).

Da leitura do primeiro diploma, DL n.º 185/2002, retira-se que o governo pode recorrer ao envolvimento do sector privado, lucrativo e não lucrativo, para a realização de experiências inovadoras ao nível da gestão e investimento no Serviço Nacional de Saúde (SNS). O seu artigo 5.º estabelece três instrumentos contratuais através dos quais a parceria entre o sector público e sector privado são efectuados, são eles: o contrato de gestão; contrato de prestação de serviços e o contrato de colaboração.

---

[66] DL n.º 86/2003, de 26 de Abril e DL n.º 141/2006, de 27 de Julho.
[67] Decretos Regulamentares n.º 10/2003, de 28 de Abril e n.º 14/2003, de 30 de Junho.

O *Modelo Português de PPP na Saúde*

Destes instrumentos, o contrato de gestão é o que possibilita o recurso ao sector privado para a gestão e obtenção de financiamento de unidades prestadoras de serviços de saúde, de forma articulada com o Estado, com transferência e partilha de risco entre os parceiros privado e público[68]. Assim, conclui-se que o instrumento privilegiado para o estabelecimento de PPP é o contrato de gestão, por deter os elementos essências caracterizadores de uma verdadeira parceria, gestão e financiamento privado e transferência de risco entre parceiros. De acordo com o DL 185/2002 "o contrato de gestão constitui, por isso, a matriz dos instrumentos contratuais para o estabelecimento das parcerias".

As PPP na saúde são definidas como uma associação duradoura entre o Ministério da Saúde – ou instituições e serviços que integram o SNS – e entidades privadas para a realização directa de prestação de serviços em saúde, ao nível dos cuidados primários, diferenciados e continuados[69].

Além de envolverem a prestação de serviços de saúde, as PPP podem também envolver uma ou mais das actividades de concepção, construção, financiamento, conservação e exploração dos estabelecimentos integrados ou a integrar no SNS com transferência e partilha de riscos e recurso ao financiamento privado[70].

O recurso a este mecanismo no sector da saúde, além da razão já anteriormente apontada, enquadra-se num contexto de opções políticas que visam impulsionar um movimento reformista, com o intuito de revitalizar e modernizar o SNS, de forma a alcançar maior eficiência e sustentabilidade financeira, aumento de produtividade, desempenho e eficácia nos ganhos dos serviços de saúde. Neste sentido, pretende-se o aprofundamento das experiências inovadoras de gestão e de mobilização de financiamento, não público, para o investimento no sistema de saúde, a partir de entidades privadas com fins lucrativos e não lucrativos (Simões, 2004).

Foi dentro deste contexto, ao abrigo dos DL n.º 185/2002 e DL 86/2003 e sob o instrumento de contrato de gestão, que foram lançados os primeiros concursos sob forma de PPP no sector da saúde e que se apresentam no Quadro 4.1.

---

[68] Lei 48/90, de 24 de Agosto base IV, XII n.º 3 e XXXVI e DL n.º 185/2002, de 20 Agosto, preâmbulo, art. 8, 35 e 36.

[69] DL n.º 185/2002, de 20 de Agosto, art. 1 e art. 2.º n.º 1.

[70] DL n.º 185/2002, de 20 de Agosto, art. 2.º n.º 2.

Quadro 4.1 – Síntese dos primeiros projectos de PPP no sector da saúde

Projecto de Parceria	Ano de Aprovação**	Período de vigência contratual	Valor nominal*** (milhões €) ROE 2005	Actualização de valores (milhões €)	
				ROE 2006	ROE 2007
Centro de Atendimento do SNS	2004	4 anos	€50.149	€57.703	€52.468
CMFR* do Sul	2005	7 anos	€54.118	€52.715(2)	€53.037
Hospital de Loures (3)	1º – 2003	(1) 30 anos e 10 anos	€1.744.349	Anulado	....
	2º – 2007		....	....	€1.340.452
Hospital Cascais	2004	"	€729.408	€740.495	€781.413
Hospital Braga	2004	"	€2.040.813	€2.173.237	€2.339.375
Hospital Vila Franca de Xira	2005	"	€954.783	€1.018.594	€1.096.227

Fonte: Elaborado pelo autor com base em ROE (2005;2006;2007)

Notas: * Centro de Medicina Física e Reabilitação (CMFR)
** Ano de despacho de aprovação do concurso e datas do processo concursal
*** Valores com IVA
(1) 30 anos para a infra-estrutura e 10 anos para serviços clínicos.
(2) O valor constante do ROE 2006 é de €43.566 e em ROE 2007 de €43.832 sem IVA. Para estabelecer comparação com o valor anterior procedeu-se à aplicação da taxa de IVA em vigor.
(3) Este projecto de parceria possui dois tempos. Um primeiro referente ao lançamento inicial que foi anulado e um segundo iniciado com Despacho conjunto do MF e MS n.º 2025/2007 de 17 de Janeiro.

Encontra-se ainda programada uma segunda vaga de hospitais sob a forma de projecto em PPP e que será composta por um conjunto de 6 hospitais, nomeadamente Algarve, Oriental de Lisboa, Évora, Vila do Conde/Póvoa do Varzim, Vila Nova de Gaia e Margem Sul-Seixal, (TC, 2004; ROE, 2006; ROE, 2007).

4.2. O modelo de PPP na Saúde

4.2.1. *Caracterização geral*

Em Portugal, o modelo de PPP adoptado na saúde foi o DBFO, com a particularidade, no subsector hospitalar, de incluir os serviços clínicos. Assim, os projectos hospitalares mencionados no Quadro 4.1 foram configurados neste modelo.

A estrutura contratual do modelo de PPP adoptada em Portugal – Figura 4.1 – é caracterizada por apresentar duas diferenças essenciais em relação ao modelo britânico[71]. Uma primeira diferença reside no facto do contrato de parceria, entre a entidade pública e a entidade privada, ser efectuado, não através de um único consórcio (SPV), mas através de duas sociedades privadas distintas, embora articuladas e complementares entre si, por períodos de tempo diferentes. No entanto, a estrutura accionista destas duas sociedades deve obrigatoriedade ser a mesma. Uma segunda importante diferença, corresponde à inclusão dos serviços clínicos no pacote de serviços a prestar.

No que respeita ao primeiro aspecto referido, importa esclarecer que as duas sociedades possuem objectos contratuais distintos. Uma das sociedades, assume-se como entidade gestora do edifício e tem por objecto exclusivo a gestão da infra-estrutura hospitalar – *hard facilities management* (HFM) e dos *soft facilities management* (SFM); a segunda assume-se como entidade gestora do estabelecimento hospitalar pelo que se responsabiliza unicamente pela gestão do estabelecimento hospitalar aqui compreendendo a gestão do hospital e a prestação de serviços clínicos gerais não existindo qualquer delimitação no âmbito destes.

No preâmbulo do Decreto Regulamentar n.º 14/2003, de 30 de Junho, são apresentadas duas razões para o estabelecimento destas duas distintas sociedades[72]: a separação dos diferentes riscos contratuais e adequação do objecto do contrato de cada uma delas aos diferentes prazos de

---

[71] Estrutura caracterizada na secção 2.2.1.

[72] Razões que se encontram referidas no DL n.º 185/2002, de 20 de Agosto art. 3 alínea b) e c), como princípios a que o estabelecimento de parcerias na saúde deve obedecer.

amortização dos investimentos. Pretende-se assim afectar a cada uma das sociedades privadas os diferentes riscos em consonância com o objecto específico da actividade para a qual foi criada. À entidade gestora do estabelecimento hospitalar é afectado o risco da disponibilidade, qualidade e custos na prestação de serviços saúde, enquanto que à sociedade gestora da infra-estrutura hospitalar são afectados os riscos de construção do edifício, e de disponibilidade, qualidade e custos de exploração na prestação dos HFM e SFM. Porém, se se efectuar uma comparação entre o modelo português e o britânico, quanto ao principio da afectação de risco, podemos afirmar que caso se seguisse o modelo britânico em vez de duas sociedades teríamos três, na medida em que aquele modelo isola o risco de construção do risco de exploração da prestação dos serviços HFM e SFM, afectando-os a entidades distintas.

Além do risco também se pretende que os diferentes períodos contratuais de cada uma das sociedades se encontre afecto ao período do ciclo de vida dos activos e equipamentos subjacentes ao respectivo contrato objecto de parceria.

FIGURA 4.1 – Estrutura Genérica do modelo de PPP no Sector Hospitalar Português

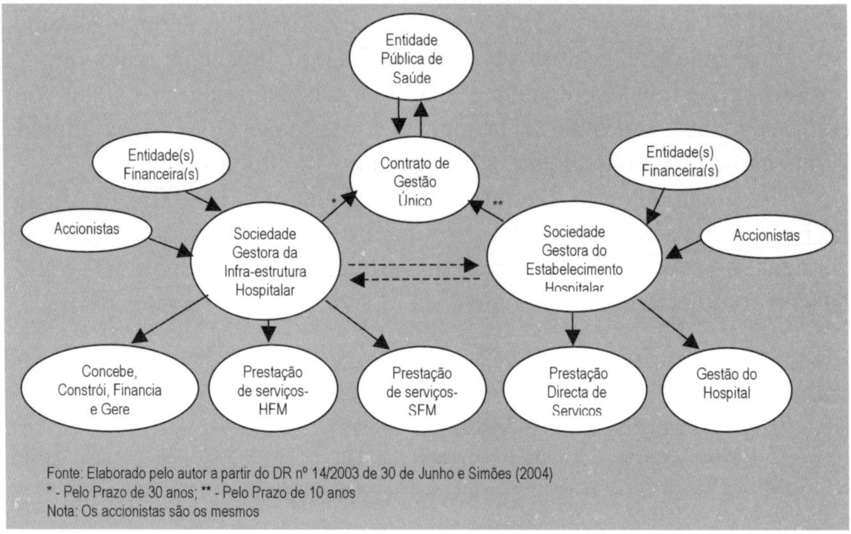

Fonte: Elaborado pelo autor a partir do DR nº 14/2003 de 30 de Junho e Simões (2004)
* - Pelo Prazo de 30 anos; ** - Pelo Prazo de 10 anos
Nota: Os accionistas são os mesmos

O Modelo Português de PPP na Saúde

No modelo português, os prazos contratuais e modalidades de pagamento são diferenciados para cada entidade gestora. A sociedade gestora da infra-estrutura hospitalar possui um prazo máximo de 30 anos[73], período equivalente ao ciclo de vida da infra-estrutura hospitalar, sendo que a infra-estrutura reverte, quando terminado o contrato, a favor da entidade pública sem qualquer encargo[74]. Os pagamentos são efectuados, após entrada em funcionamento do hospital e da prestação efectiva dos serviços, de forma unitária em prestações periódicas de acordo com os parâmetros contratualmente estabelecidos[75], e nos quais está contemplada a realização de deduções por penalidades que ocorram no incumprimento dos parâmetros de qualidade e disponibilidade regular de serviços. Como se referiu anteriormente, a sociedade gestora assume a responsabilidade, portanto, os riscos de construção (concepção, qualidade, prazo e custo de construção), de acordo com o assumido no caderno de encargos, e o risco da disponibilidade e qualidade dos serviços conexos à própria infra--estrutura (exploração e conservação do edifício hospitalar) bem como dos serviços de apoio à prestação de serviços clínicos que contemplam, desde lavandaria, alimentação, limpeza, etc. A entidade gestora do edifício hospitalar, sendo responsável por toda a infra-estrutura, está autorizada a subcontratar serviços ou determinadas actividades à semelhança do que se passa no modelo britânico.

No entanto, e ao contrário do modelo britânico no qual os pagamentos são efectuados com distinção entre as componentes afectas ao edifício

---

[73] De acordo com o DR n.º 14/2003, de 30 de Junho, art. 33 e DL n.º 185/2002, de 20 de Agosto, art. 11. No entanto, e apesar do art. 11 do segundo diploma possibilitar a prorrogação do contrato para um período temporal superior a 30 anos, tal não foi contemplado no caderno de encargos do contrato de gestão – DR n.º 14/2003, ao contrário do modelo britânico, em que a prorrogação pode ir até aos 60 anos. Assim, deduz-se que para ocorrer tal prorrogação terá de existir uma alteração contratual para o efeito, o que parece só poder ocorrer indirectamente por via das situações previstas nos art. 71 a 75 do DR n.º 14/2003 e art. 24 do DL 185/2002. Ainda no que se refere ao período do contrato por vontade do parceiro privado responsável pela gestão do edifício, e no termo do contrato da entidade gestora do estabelecimento hospitalar, este pode ser revogado antes de concluído os 30 anos, art. 34 do mesmo diploma.

[74] DR n.º 14/2003, de 30 de Junho, art. 11 n.º 8 e art. 87.

[75] "Os preços a pagar por cada serviço serão ajustados de acordo com a inflação anual, periodicamente e em função da variação de preços dos serviços, na sequência da celebração de um novo subcontrato" (DR n.º 14/2003 de 30 de Junho, art. 57 n.º 3).

152   *Fundamentos e Modelos nas Parcerias Público-Privadas...*

e aos serviços efectivamente prestados, no modelo português parece que o pagamento é único, apurado segundo uma fórmula a definir no caderno de encargos do concurso, não havendo distinção entre as duas componentes.

No que se refere à gestão do estabelecimento hospitalar, a entidade gestora tem como objecto contratual a prestação de cuidados de saúde gerais, bem como de outros serviços de apoio aos cuidados de saúde que não estejam abrangidos no âmbito da actividade da entidade gestora do edifício. Cabe-lhe ainda, exercer a gestão organizacional e operacional do hospital, no sentido de garantir uma actividade normal de funciona-mento[76]. Esta inclui, a continuidade e padrões de qualidade na prestação dos serviços clínicos, de assegurar um conjunto de meios materiais, humanos e financeiros e situações jurídicas necessários à prestação dos serviços, bem como garantir os princípios de acesso, universal, igualdade e generalidade a todos os beneficiários do SNS, ou seja, responsabilidade por garantir o serviço público de saúde (DR n.º 14/2003 de 30 de Junho, Preâmbulo, art. 1, 13 e 15).

Pode-se afirmar que a aquisição, por parte do parceiro público, de serviços clínicos é efectuada em duas situações distintas: A primeira, de acordo com o estabelecido contratualmente pelo parceiro público, o qual define uma produção prevista anual classificada por tipo de actos, técnicas e serviços a prestar, que serão definidos no âmbito do caderno de encargos do processo concursal. A produção será revista e actualizada anualmente durante a vigência do contrato[77]. E na segunda, em resultado de situações supervenientes ao contrato e não previstas, e para as quais o estabeleci-mento tenha capacidade técnica e meios necessários. Encontram-se, assim, aqui previstas ou salvaguardadas situações críticas e excepcionais ao fun-cionamento quotidiano e de superior interesse público, como fazer face ao surgimento de epidemias, planos de vacinação, entre outras. O parceiro

---

[76] Em caso de se verificar anomalias, perturbações ou deficiências graves na actividade normal, o parceiro público tem a possibilidade de efectuar o sequestro do esta-belecimento hospitalar, por um período necessário ao restabelecimento da normal orga-nização e funcionamento. Durante esse período, os custos são suportados pela entidade gestora (DR n.º 14/2003, art. 80 e DL n.º 185/2002, de 20 de Agosto, art. 27), ou seja, o parceiro privado incorre no risco de continuidade da disponibilidade na prestação de serviços clínicos.

[77] DR n.º 14/2003, Preâmbulo e art. 13.

O Modelo Português de PPP na Saúde

público ao fixar a produção assume o risco de procura tendo o parceiro privado a responsabilidade de garantir que a satisfaz.

À sociedade gestora do estabelecimento hospitalar encontra-se vedada a possibilidade de subcontratar terceiros para a prestação de serviços clínicos, devendo aquela ser a única a prestar cuidados médicos directos e administrar o estabelecimento. Deduz-se, no entanto, que pode subcontratar a terceiros actividades inseridas no âmbito dos serviços de apoio ou auxiliares[78].

Encontra-se ainda prevista no modelo, embora limitada, a garantia da troca de doentes entre hospitais bem como a articulação do estabelecimento hospitalar com outros serviços e instituições integrados no SNS. Para tal, a sociedade gestora está obrigada a receber doentes referenciados por outras instituições até ao limite da produção estimada ou de acordo com a capacidade disponível, bem como referenciar doentes para outras instituições hospitalares[79].

O prazo contratual com a sociedade gestora do estabelecimento hospitalar é de 10 anos, podendo ser renovável por períodos sucessivos até atingir o máximo acumulado de 30 anos. Procura-se, assim, que as duas sociedades permaneçam juntas durante o maior período contratual possível e assim estabelecer uma relação duradoura.

Os pagamentos efectuados, pelo parceiro público à entidade gestora pela compra de serviços clínicos, serão realizados após a sua efectiva prestação e com base na produção estimada contendo duas componentes distintas: uma referente à prestação de cuidados de saúde, baseada em parâmetros de produção clínica e uma segunda referente à parte de gestão do estabelecimento hospitalar, ambas a definir no âmbito do processo de concurso. Poderá ser contemplado um sistema de prémio ou de penalizações nos pagamentos, se alcançar ou superar os padrões de qualidade e eficiência, ou se, e em caso contrário, registar o incumprimento de parâmetros definidos contratualmente[80]. É ainda contemplado o pagamento à entidade gestora de serviços prestados por indicação do parceiro público e não contemplados na produção prevista.

A entidade gestora encontra-se ainda autorizada a proceder à cobrança de receitas, consideradas receitas próprias, provenientes quer das

---

[78] DR n.º 14/2003, de 30 de Junho, art. 12.
[79] DR n.º 14/2003, de 30 de Junho, art. 13 e 14.
[80] DR n.º 14/2003, de 30 de Junho, art. 22 e DL 185/2002, de 20 de Agosto, art. 18.

154 *Fundamentos e Modelos nas Parcerias Público-Privadas...*

taxas moderadoras, de serviços específicos prestados aos utentes por estes requeridos e considerados adicionais à lista de serviços estabelecida no contrato, quer a outras entidades, públicas ou privadas, que tenham acordos com o SNS ou com o estabelecimento concreto[81]. Perante esta possibilidade, parece que a entidade gestora tem a liberdade ou autonomia, para prestar serviços clínicos no âmbito de acordos que estabeleça com entidades diversas, bem como alargar o leque de serviços que pode prestar (para além dos constantes do contrato de parceria) definindo ela própria, as condições de venda dos mesmos.

A possibilidade de cobrança de receitas que é dada ao parceiro privado responsável pela gestão do estabelecimento hospitalar confere ao modelo de parceria a forma de concessão.

No que se refere ao factor recursos humanos, o modelo português apenas menciona que "as entidades gestoras devem dispor de uma adequada estrutura de recursos humanos para a realização do objecto do contrato de gestão", devendo os mesmos deter as qualificações adequadas às funções exercidas (DR n.º 14/2003 de 30 de Junho, art. 88 n.º 1 e n.º 3). Desta forma, pode-se concluir que a determinação e gestão dos recursos humanos cabe integralmente às entidades gestoras, estando, no entanto, submetida à aprovação do parceiro público. Assim, pode-se dizer que podem existir ganhos de eficiência decorrente da gestão dos recursos humanos pelo parceiro privado, ao contrário do que é defendido pelo modelo britânico que advoga que os ganhos de eficiência não deverão ter origem no factor humano. De salientar que nada é dito quanto ao regime contratual e de vínculo em que os recursos humanos ficam sujeitos. Apenas nos casos de construção de novos hospitais para substituir outros existentes, as entidades gestoras são obrigadas a integrar a totalidade do pessoal pertencente ao quadro de pessoal do estabelecimento a substituir e neste caso ficam vinculados a uma relação jurídica de emprego público. Nestes casos, a direcção do pessoal é da responsabilidade das entidades gestoras, mas o exercício do poder disciplinar cabe à entidade pública[82], ou seja, existe aqui margem para a existência de diferença de tratamento dos recursos humanos, com idênticas qualificações e níveis, ao contrário do estabelecido no modelo britânico.

---

[81] DR n.º 14/2003, de 30 de Junho, art. 20 e DL 185/2002, de 20 de Agosto, art. 19.
[82] DR n.º 14/2003, de 30 de Junho, art. 89 e 90 e DL 185/2002, de 20 de Agosto, art. 6.

O *Modelo Português de PPP na Saúde* 155

A opção, no nosso país, pelo modelo DBFO com inclusão dos serviços clínicos, apesar de corresponder em forma ao genuíno modelo de PPP, vai contra a tendência internacional pela adopção do modelo britânico sem a inclusão dos serviços clínicos. O modelo nacional ao abarcar estes serviços revela a intenção de transferir para o sector privado o máximo de risco, à semelhança do que aconteceu na Austrália com as primeiras experiências realizadas de PPP, como foi abordado na subsecção 2.2.1, ficando a entidade pública apenas com as funções de regulação e monitorização externa.

4.2.2. *Virtudes e fragilidades*

Apesar do modelo de PPP na saúde, apresentado anteriormente, apenas se encontrar em fase contratual e existir escassa informação sobre o mesmo, podem-se identificar algumas virtudes e fragilidades tendo por referência as experiências internacionais já realizadas de PPP no sector da saúde – subsector hospitalar – e das recentes experiências de PPP desenvolvidas a nível nacional noutros sectores.

O modelo português de PPP, no subsector hospitalar, apresenta virtudes face ao modelo DBFO britânico que é internacionalmente mais adoptado. Pretende responder ao desafio de alcançar maior eficiência na parte que corresponde à quota maior da despesa dos sectores de saúde – os serviços clínicos representam 60-70%[83] dos orçamentos hospitalares e, ainda, possuir uma estrutura que aumente a flexibilidade contratual e capacidade de resposta a situações de rápidas alterações na envolvente da saúde. O estabelecimento de dois prazos contratuais distintos entre as duas entidades gestoras, em que o mais curto, até 10 anos, se encontra afecto à entidade gestora do estabelecimento, procura reduzir a incerteza face a factores como seja: alteração demográfica, alterações das tecnologias médicas e da ciência médica, entre outros. Dessa forma, procura aproximar-se do prazo de vida útil de certos equipamentos, acessórios médicos, técnicas e necessidades médicas.

No entanto, existe um conjunto de fragilidades que o modelo incorpora decorrente quer da natureza dos próprios serviços, quer da especifi-

---

[83] Ver Figura 2.2 do Capítulo 2.

cidade do contexto português. A leitura do quadro legislativo que regula os contratos de PPP na saúde e respectivo caderno de encargos[84], apresenta algumas situações de ambiguidade e reduzida especificação dos serviços a prestar, remetendo importantes conteúdos para o processo concursal, sendo difícil efectuar uma abordagem aos padrões de qualidade e critérios de avaliação e monitorização definidos. No entanto, podemos inferir, pela leitura do diploma, algumas situações geradoras de potenciais fragilidades, destacando-se: a fraca presença de incentivos à eficiência e inovação, os indicadores de qualidade centrados na estrutura e possibilidades de ferir a equidade no tratamento – interesse público.

A presença de fracos incentivos à eficiência e inovação é justificada pelos seguintes factos: i) pelo facto dos riscos transferidos para o parceiro privado parecerem ser, efectivamente, suportados pelo parceiro público; ii) pela presença de elevada rigidez sobre a capacidade e espaço de iniciativa que os parceiros privados podem exercer e iii) de serem estabelecidas logo à partida compensações por alcançar ou superar objectivos contratuais e apenas serem previstas deduções por penalizações e não fixação objectiva destas, ou seja, existe uma grande previsibilidade em todas as variáveis susceptíveis de produzir risco.

No que se refere à assunção do risco, segundo o art. 13 do DR n.º 13/2003, de 30 de Junho, encontra-se o seguinte: "a entidade gestora fica obrigada a assegurar a prestação dos serviços de saúde que constituem a produção prevista para cada ano [...] a qual será revista anualmente". Verifica-se aqui que a produção é definida, garantida e revista periodicamente pelo parceiro público, ou seja, o parceiro público retém o risco de procura enquanto o privado assume o risco de disponibilidade dos serviços. A certeza da procura que o parceiro privado passa a deter, reduz substancialmente o principal factor que determina a eficiência – o risco de procura (Fourie e Burger 2000), conforme abordado na secção 1.3.1.

Quanto à capacidade dos parceiros privados de promoverem a inovação, pode-se dizer que esta se encontra fortemente limitada, na medida em que existe uma grande rigidez para o desenvolvimento de iniciativas e acções a tomar por parte do parceiro privado que possam afectar os resultados finais, detendo ele um comportamento mais passivo que activo. Ou seja, parece que praticamente todos os direitos residuais se encontram

---

[84] DR n.º 14/2003, de 30 de Junho.

O Modelo Português de PPP na Saúde

afectos ao parceiro público e, como tal, é a ele que cabe a tomada das decisões, particularidade que se analisou na secção 3.3.2. São alguns os exemplos que se podem recolher daquele diploma, por exemplo, para proceder à contratação de terceiros, as entidades gestoras deverão submeter à aprovação de procedimento de concurso com várias fases e cuja aprovação depende sempre do parceiro público, como refere o art. 12, n.° 5 alínea a) do DR n.° 14/2003, de 30 de Junho: "fase de definição do objecto do contrato, a efectuar em conjunto pela entidade pública contratante".

Também o sistema de pagamento parece poder interferir no estímulo à eficiência e inovação, porque o contrato, ao prever a possibilidade de revisão de preços e de reembolsos bem como deixar em aberto a possibilidade de existência de penalidades e não uma definição clara e objectiva das mesmas, na entidade gestora do estabelecimento hospitalar, retira o efeito que o "preço" tem na obtenção de eficiência. Assim, caso os custos venham a ser diferentes dos estimados antecipadamente, os mesmos são partilhados através de reembolso, ou seja, estão assegurados, o que conduz à redução do risco, o que também reforça a evidência da reduzida capacidade que a gestão do hospital tem na obtenção dos resultados.

Ora, estas evidências, referentes ao pagamento, constituem factores destruidores de incentivo à obtenção de ganhos de eficiência, e que podem ser comprovados quando, no art. 19 do referido diploma é referido que "a entidade gestora terá direito a remuneração [...] que será revista periodicamente". O contrato pode, também, prever a realização de pagamentos suplementares quando a entidade gestora atinja ou ultrapasse padrões de qualidade e eficiência na prestação de serviços, e pode, ainda, prever a imposição de penalizações à entidade gestora em função do incumprimento, mora ou cumprimento defeituoso das suas obrigações (art. 22).

Este sistema de pagamentos indicia uma ênfase na quantidade e não na qualidade, sendo à partida definida de imediato a amplitude das compensações, não tendo o parceiro privado incentivo para encetar, por iniciativa própria, inovações nos serviços.

A determinação da qualidade parece centrar-se na estrutura – recursos, quando no art. 13 do diploma em análise é referido que a prestação de serviços "deverá ser efectuada de acordo com elevados parâmetros de qualidade [...] devendo deter equipamento suficiente adequado e actualizado para dar resposta à produção prevista" e no art. 16 "exigindo-se que a entidade gestora implemente um sistema de gestão de qualidade, obrigada a aderir ao processo de acreditação hospitalar". Estes indicadores

158 | *Fundamentos e Modelos nas Parcerias Público-Privadas...*

evidenciam uma avaliação da qualidade assente na estrutura, na organização e não centralizada nas práticas e resultados clínicos dos pacientes. A possibilidade de ferir a equidade de tratamento infere-se no n.º 3 do art.15 que estabelece que "os utentes devem ser atendidos segundo um critério de prioridade clínica definido em função da necessidade de prestação de cuidados saúde", podendo assim existir selecção adversa de utentes. Segundo Simões (2004:85), os pagamentos efectuados à entidade prestadora são definidos com base "nos serviços clínicos prestados por grandes linhas de actividade, urgência, internamento e ambulatório, de acordo com tabela de preços especifica, e definida em processo de concurso". Este sistema de pagamentos possibilita a selecção de patologias menos onerosas ou de menor severidade e permite a transferência de doentes para outros operadores do sistema público. Parece, assim, existir potencial ofensa dos princípios da universalidade e da equidade no acesso aos tratamentos (Simões, 2004b:118).

Uma fragilidade adicional diz respeito ao facto de se verificar a inclusão de todos os equipamentos de tecnologia médica móvel, acessórios médicos e sistemas de IM&T, no contrato de PPP no sector da saúde português[85] quando a experiência internacional evidencia o contrário. Os contratos que incorporam estes tipos de equipamento encontram um conjunto de dificuldades: a determinação do seu VfM, da sua antecipada quantificação, 3-4 anos antes de entrarem em funcionamento, no detalhe e descriminação das especificações técnicas, na definição dos parâmetros de avaliação de resultados. No entanto, existem outros factores que ampliam estas dificuldades, como seja o facto da propensão para a rápida obsolescência tecnológica, que exige permanentes necessidades de actualização durante o ciclo de vida do contrato e a necessidade de integração, dos sistemas de IM&T, numa plataforma do sistema nacional de saúde.

Além disso, a experiência internacional mostra que não é apropriado o recurso ao mecanismo de PPP no sector das tecnologias de informação comparativamente ao modelo tradicional de *procurement* (HMT, 2004;58,87-88). Apesar desta evidência, foi lançado em Portugal um projecto em PPP no sector da saúde, o Centro de Atendimento do SNS assente em sistemas de tecnologias de informação, identificado no Quadro 4.1.

---

[85] DR n.º 14/2003, de 30 de Junho, art. 18.

O *Modelo Português de PPP na Saúde*

A especificidade do contexto português poderá ser um factor adicional, gerador de fragilidades no modelo adoptado. Essa especificidade relaciona-se com a capacidade técnica no domínio das PPP e com o estado de desenvolvimento do sector da saúde. De seguida, analisa-se sinteticamente estes dois elementos.

Capacidade Técnica – Da experiência internacional retira-se que são condições vitais para o êxito das PPP, independentemente das especificidades próprias de cada país, a necessidade de construção dum quadro legislativo próprio, a definição de um quadro de planeamento estratégico de investimento prioritário, a existência de unidades especializadas nos processo de PPP e de avaliação e monitorização de activos.

Apesar de Portugal recorrer, desde a década de 90, às PPP, só em 2002 foi publicado na legislação nacional o primeiro diploma de enquadramento normativo das PPP na saúde. E apenas em 2003 se procedeu à criação da unidade técnica de PPP, à publicação de um conjunto de diplomas transversais a todos os sectores, bem como de diplomas específicos sectoriais, apesar de estar em funcionamento, desde 2001, uma comissão de estudo das PPP no sector da saúde. Constata-se, assim que, o desenvolvimento consistente do quadro legislativo e a criação de unidades técnicas específicas é muito recente em Portugal, evidenciando pouca capacidade técnica no domínio do mecanismo de PPP (encontrando-se muito dependente dos serviços de consultoria externa) e manifestando uma deficiente capacidade de monitorização dos projectos.

A falta de domínio técnico e de capacidade de monitorização tem revelado, noutros sectores onde já se encontram implementados projectos, inúmeras deficiências que se traduzem em elevados custos para o Estado, das quais se podem enumerar as seguintes (Monteiro, 2005; TC, 2005):

- Atrasos nas expropriações, resultantes de mudanças de projecto quer por questões de ordem ambiental quer por decisões unilaterais do parceiro público;
- Constantes alterações aos projectos depois destes estarem assinados, resultantes de imposições de ordem ambiental, de decisões dos poderes locais e de grupos de pressão, têm conduzido a elevados custos para o Estado, pelas compensações contratuais e de assessoria, a favor do parceiro privado, derrapagens financeiras e atrasos de execução;

- Os custos decorrentes de operações de reequilíbrio financeiro em contratos já assinados constituem o 2.º maior encargo de relevância financeira para o estado, que em Maio 2005 perfaziam o total de €1.635 milhões;
- Más transferências de risco entre parceiro publico e privado;
- Processos de concurso estruturados com pouca racionalidade, que se traduzem no agravamento de custos na elaboração de propostas;
- Processos que não proporcionam a necessária eficiência na avaliação e negociação, na sua maioria orientados em função dos *inputs* necessários ao parceiro público em detrimento da orientação para os *outputs* e resultados. Ausência de metas e resultados a atingir.

Estado de desenvolvimento do sector da saúde em Portugal – Além das deficiências apontadas, o estado de desenvolvimento do sector da saúde em Portugal também revela algumas carências que condicionarão a aplicabilidade das PPP e, mais concretamente, o modelo adoptado para o subsector hospitalar. Algumas dessas carências são enumeradas a seguir (Oliveira, 2002;OPS, 2004, 2005):

- ausência de autoridade reguladora na saúde com experiência efectiva;
- a inexistência de mecanismos de regulação e acompanhamento por parte do Estado que assegurem a monitorização rigorosa dos prestadores, o que origina disputas constantes por ineficiente afectação de recursos especializados, tal como foi demonstrado pela experiência no contrato de gestão do Hospital Fernando Fonseca;
- existência de um reduzido número de entidades dedicadas à gestão da saúde no sector privado, com experiência comprovada no sector. Algumas das entidades de maior dimensão surgiram muito recentemente.
- preocupações existentes no âmbito da qualidade dos cuidados de saúde, salientando-se o défice organizacional dos serviços de saúde;
- falta de indicadores de desempenho e de apoio à decisão, bem como insuficiente apoio estruturado às áreas de diagnóstico e de decisão terapêutica;

O *Modelo Português de PPP na Saúde* 161

- incipiente cultura de qualidade no sistema de saúde. Os programas de acreditação hospitalar são recentes, com os primeiros hospitais a serem acreditados apenas em 2002;
- ausência de sistemas de informação que facilitem a monitorização do desempenho de gestores e instituições, bem como a inexistência de uma plataforma única de informação global a nível nacional;
- a complexidade da gestão hospitalar exige uma adequada regulação, bem como mais e maiores níveis de recursos para monitorização e supervisão.

Assim, verifica-se que existem algumas condições necessárias a satisfazer para que os objectivos subjacentes à adopção do mecanismo de PPP sejam alcançados, permitindo melhorar o sector da saúde em Portugal. Essas condições não são compatíveis com falhas ou situações de ambiguidade ao nível da regulação, coordenação e métodos de monitorização e definição de parâmetros, que na prática existem e contribuem para as fragilidades do modelo português que vê o seu nível de exigência largamente ampliado devido à inclusão dos serviços clínicos nas PPP.

Em síntese, o modelo português evidência a máxima transferência de risco do sector público para o sector privado, a qual pode ser justificada pelo facto de Portugal estar inserido na zona dos países que aderiam à moeda única da União Europeia e como tal se encontrar obrigado a respeitar quer os critérios do PEC, designadamente a necessidade de ajuste e consolidação orçamental, quer as regras de tratamento das PPP nas contas nacionais imanadas pelo Eurostat, conforme abordado na secção 1.3.2.

Segundo as normas daquele instituto de estatística, os activos envolvidos nos contratos de PPP para não serem contabilizados nas Contas Nacionais devem satisfazer cumulativamente duas das três seguintes condições: o parceiro privado suportar o risco de construção e o risco de disponibilidade ou o risco de procura. Ora, o modelo português satisfaz integralmente estes requisitos, na medida em que o parceiro privado assume toda a responsabilidade pela concepção, construção, financiamento e gestão da infra-estrutura de saúde e igualmente a responsabilidade pela disponibilização dos serviços conexos com esta, dos serviços auxiliares aos serviços clínicos e os próprios e serviços clínicos. Assim, e desta forma, o modelo de PPP na saúde satisfaz o duplo ou triplo objectivo de política governamental (respeito dos critérios de disciplina fiscal europeia, correcto tratamento das contas públicas e realização de programas de política pública de investimento).

Um modelo com elevada transferência de risco para o parceiro privado é mais oneroso para o parceiro público, já que exige maior taxa de retorno ou, dito de outra forma, aumenta o prémio de risco do investimento. Desta fórmula (de partilha de risco) surgem dois problemas, cujo impacto deve ser criteriosamente avaliado, em confronto com outros modelos de PPP e com modelo tradicional de *procurement*: um referente ao impacto nos ganhos de eficiência e o outro que se relaciona com o impacto na sustentabilidade financeira a longo prazo das finanças públicas, na medida em que, e relativamente a este último, o pagamento do investimento terá que ser feito entrando para o cômputo do rácio de défice orçamental. É também referido, e do ponto de vista do *rating de crédito*, que a inclusão dos serviços clínicos conduz à redução do nível de crédito do projecto de PPP e como tal ao aumento do nível de risco do mesmo (S&P, 2005).

O factor partilha de risco contém na sua formação diversos e complexos factores, cuja avaliação é difícil e na qual entram as dificuldades inventariadas nos dois factores anteriormente caracterizados. No entanto, a experiência internacional revela que a opção pela máxima transferência de risco não produz efeitos suficientemente satisfatórios.

Esta conclusão obteve o governo do Estado de Victoria na Austrália, em que tendo optado, inicialmente, por uma lógica de máxima transferência de risco, implementou o modelo de parceria BOO(T) (apesar de ser fora do contexto europeu, apresentava semelhantes características quanto aos problemas orçamentais e de obtenção do financiamento público), e o qual não produziu os resultados esperados. Exemplo disso, é o caso do *Hospital La Trobe Regional Hospital*, como retratado na subsecção 2.2.1.

CONCLUSÕES

Da teoria económica retira-se que o principal fundamento para o recurso ao mecanismo de PPP é o aumento da eficiência económica na afectação de recursos. De facto, as PPP contribuem para o incremento da eficiência técnica na realização de infra-estruturas comparativamente com o modelo tradicional praticado pelo sector público. As experiências internacionais realizadas evidenciam a obtenção de ganhos na execução dos projectos de construção quer com significativa redução do prazo de execução, quer na redução do seu custo.

A captação por parte dos governos e entidades públicas, do sector privado para produzir e prestar serviços em sectores económicos que se encontravam reservados ao domínio público, através de uma relação contratual de longo prazo sob a forma de PPP, tem conduzido a aumentos de eficiência, muito embora esta apenas e só se possa comprovar parcialmente – correspondendo à fase da construção das infra-estruturas.

Os resultados demonstram, regra geral, maiores índices de eficiência na execução dos investimentos em infra-estruturas comparativamente ao modelo tradicional público. Dados referentes ao Reino Unido mostram taxas na redução dos prazos de conclusão das infra-estruturas superiores a 12% e de 30% no valor estimado, verificando-se, ainda, uma taxa de poupança média de 17%. Apesar destes resultados na melhoria da eficiência, no sector da saúde, os mesmos não tem a mesma dimensão. A realidade demonstra que as primeiras experiências na realização dos investimentos, e correspondentes à fase de construção das infra-estruturas hospitalares, apresentam taxas de poupança inferiores a 10%. Para esta evidência contribui a maior complexidade técnica que envolve a concepção e construção destas infra-estruturas, requerendo maior número e mais complexos requisitos a satisfazer quer ao nível da flexibilidade do próprio edifício, heterogeneidade de serviços, quer dos equipamentos tecnológicos e tecnologias que incorpora.

É largamente difundido que as PPP são aplicadas de forma abrangente a todos os sectores. Apesar desta afirmação ser verificável, e contrariamente às expectativas de partida, o mesmo não se pode dizer quanto aos bens e serviços que os integram, podendo-se afirmar que as parcerias não são um instrumento que se possa aplicar a todos os bens e serviços. A razão reside, não na natureza do consumo dos bens e serviços, privados ou públicos, mas sim, nas características intrínsecas que aqueles revelam e que podem impedir a sua correcta mensuração. A constatação deste facto, corroborado por resultados menos satisfatórios alcançados com PPP na saúde envolvendo a prestação destes serviços, tem conduzido à evolução na adopção dos modelos de parceria no sector da saúde. Conclui-se que o modelo de parceria mais adoptado a nível internacional no sector da saúde (subsector hospitalar), é o modelo Inglês – DBFO – com exclusão dos serviços clínicos.

A análise das experiências internacionais das parcerias na saúde revelou que a adopção de modelos de parceria que incorporam toda a cadeia de serviços hospitalares, e assim registam a transferência da totalidade do risco do sector público para o sector privado, demonstrou não ser adequado na relação eficiência-eficácia. Os modelos BOO (T), aplicados no sector da saúde, demonstraram ineficiências várias na prestação de cuidados médicos, em que o caso da Austrália é o exemplo mais ilustrativo. A selecção destes modelos assente numa lógica de política macroeconómica, como meio de fuga às restrições orçamentais, prova que o critério fiscal não deve ser prioritário na adopção das PPP. A Austrália, após experiências realizadas com aqueles modelos, inverteu a sua opção, passando a adoptar o modelo de parceria inglês – DBFO aplicado à saúde, no qual a presença pública é mais acentuada e dele são excluídos a prestação dos cuidados médicos. O modelo permite, ainda, conceber uma geometria variável na opção quanto à inclusão de outros bens e serviços. Outros países, ainda, optaram também por este modelo, como foi o caso do Canadá.

As PPP na saúde não são adequadas a todos os serviços que integram uma infra-estrutura. Conclui-se que os serviços clínicos – cuidados médicos, apresentam características específicas que os afastam da inclusão no mecanismo de parceria. A exclusão dos serviços clínicos das PPP não se encontra relacionada com a natureza de consumo dos serviços, mas com a incapacidade, até à data, de efectuar uma rigorosa especificação, mensu-

Conclusões

165

rabilidade e monitorização dos cuidados médicos. Incapacidade essa que, por sua vez, compromete a garantia do interesse público. Este último é manifestado na apropriação da informação necessária para assegurar a equidade e qualidade nos cuidados médicos prestados.

Do estudo das características dos cuidados médicos retira-se que estes apresentam especificidades próprias, que não preenchem os requisitos necessários para que as PPP tenham sucesso na sua prestação. A forte presença de assimetria de informação e a existência de incerteza no acto médico bem como a diversidade da prática clínica são elementos que, estando presentes em simultâneo, tornam difícil a especificação objectiva dos cuidados médicos, a sua mensurabilidade e monitorização. Esta última, abrange quer a forma como são prestados os cuidados médicos, quer em assegurar que os ganhos de eficiência são obtidos sem afectar ou produzir consequências negativas na qualidade da prestação e no acesso equitativo ao tratamento. Neste sentido, não se pode afirmar que os contratos resolvem ou evitam tais consequências como, por exemplo, evitar a selecção adversa no acesso ao tratamento, porque os contratos são imperfeitos.

Como se afirmou, nem sempre se consegue alcançar em simultâneo a maximização da eficiência e eficácia – qualidade, facto que se verifica nas PPP da saúde.

Ora, o confronto entre eficiência e qualidade tem constituído o centro das divergências quanto à prestação de cuidados médicos pelo sector privado. Até hoje, apesar dos esforços realizados, ainda não se eliminaram estas divergências mesmo com as novas abordagens no controlo do tratamento assente na evidência clínica.

Com efeito, e como foi referido, a interdependência entre aqueles dois factores é complexa sendo que o *trade-off,* entre os dois, deve ser cuidadosamente avaliado, e que o mesmo é de difícil avaliação, agravado pelo facto de não existirem contratos completos, e assim não se assegurar a garantia em evitar conflitos entre eficiência e eficácia em serviços de elevado valor e importância social. Assim, e até à data, a garantia do interesse público é melhor assegurada com a produção directa por parte do Estado dos cuidados médicos, onde a obtenção de informação constitui o elemento central para minimizar a assimetria de informação na prática clínica relativamente ao custo do tratamento versus qualidade do serviço prestado.

Estas são razões para que os serviços clínicos, no modelo das parcerias público – privadas, não sejam incluídos no pacote de serviços a prestar.

166 *Fundamentos e Modelos nas Parcerias Público-Privadas...*

No entanto, cabe assumir que os desenvolvimentos em curso no conhecimento da prática clínica, com a procura do estabelecimento, de procedimentos e processos standarizados, assentes na evidência e na auditoria clínica, irão criar, no futuro, uma maior capacidade de avaliação e monitorização dos cuidados médicos. Desta forma, abrir--se-á a possibilidade para que sejam enquadráveis nos contratos de parceria.

Apesar de nas experiências internacionais o modelo mais adoptado ser o DBFO com exclusão dos serviços clínicos, no nosso país foi adoptado um modelo que inclui os serviços clínicos. Ora, esta opção que contraria a tendência internacional parece basear-se numa lógica fiscal, procurando passar para o parceiro privado a maior quantidade possível de riscos, e assim aliviar a pressão sobre as contas públicas nacionais decorrente da realização de novas infra-estruturas hospitalares, num período caracterizado por uma forte pressão para alcançar os critérios de consolidação orçamental inscritos no PEC.

O modelo contratual nacional apresenta uma configuração diferenciada do modelo britânico. Procura separar os riscos decorrentes da gestão do estabelecimento hospitalar dos oriundos da gestão da infra-estrutura hospitalar, através não de um único consórcio SPV como o britânico, mas através de duas sociedades distintas, mas complementares entre si, com períodos contratuais diferenciados. Ainda no modelo nacional, o período máximo é de 30 anos, enquanto o britânico pode ir aos 60 anos. Apesar do modelo de parceria português apresentar como pontos fortes, o procurar alcançar maior eficiência nas despesas que maior peso têm nos orçamentos hospitalares, assim como responder de forma mais rápida às alterações que ocorrem na envolvente da saúde, também contém diversas fragilidades. Entende-se, com base na leitura do diploma DR n.º 14/2003, de 30 de Junho, que o modelo contratual desenhado apresenta-se com fracos incentivos à eficiência e inovação, em virtude de apresentar grande limitação à capacidade de iniciativa dos parceiros privados, de existir uma grande previsibilidade nas variáveis que produzem risco parecendo que os riscos são efectivamente suportados pelo parceiro público. Também o sistema de pagamentos contribui para a redução dos incentivos à eficiência e inovação, na medida em que ao prever a possibilidade da revisão dos preços e reembolsos, acrescido pelo facto de não serem definidos objectivamente a existência de penalidades, retiram o efeito que o preço tem na obtenção de eficiência.

Outras fragilidades que podemos apontar referem-se ao facto dos indicadores de qualidade assentarem essencialmente nos elementos estruturais, isto é, nos recursos e não nas práticas e resultados clínicos dos pacientes, e ainda à possibilidade de se ferir a equidade de tratamento dos utentes, em virtude de existir campo para a selecção adversa de utentes.

Entende-se, e face à especificidade do contexto português, que este modelo poderá comprometer os resultados esperados nas PPP na saúde, por duas razões: primeira, a ausência de domínio técnico e capacidade de monitorização das PPP e, segunda, o estado actual de desenvolvimento do sector saúde nacional. No que se refere à primeira, as experiências nacionais realizadas noutros sectores evidenciam a ausência de competências na gestão contratual das parcerias demonstrado com a ocorrência de inúmeras deficiências que se traduziram em avultadas percas financeiras para o sector público. Ora envolvendo as PPP na saúde uma maior complexidade e exigindo mais recursos que no sector rodoviário, as exigências ao nível do domínio técnico e monitorização são muito maiores. Quanto ao segundo factor, este assenta no facto da existência de evidentes carências no sector nacional de saúde privado e público, destacando-se: a ausência de entidade reguladora na saúde com experiência efectiva; exígua experiência e deficientes mecanismos e recursos especializados na monitorização de contratos no sector da saúde; sector privado com fraca dinamização e cuja maior dimensão foi adquirida recentemente; fraca cultura de qualidade e avaliação desempenho, sendo que as primeiras acreditações hospitalares apenas tiveram lugar em 2002.

Com este trabalho pretende-se contribuir para um maior conhecimento de uma temática pouco estudada. Apesar das restrições a uma maior profundidade de análise – escassez de resultados a nível internacional e inexistência de projectos no caso português – considera-se que a abordagem efectuada ao modelo de parceria constitui um contributo inovador contribuindo, ainda que de forma limitada, para uma maior compreensão das PPP e, mais concretamente, do modelo adoptado em Portugal para o sector da saúde.

No sentido do seguimento de estudos futuros, destaca-se o interessante e aliciante estudo sobre a melhoria dos processos clínicos, assente no tratamento baseado na evidência clínica, que contribuam para a supressão das barreiras quer à melhoria da eficiência nas organizações hospitalares e da qualidade dos serviços prestados, quer à sua inclusão nos contratos de parceria.

BIBLIOGRAFIA

ADAM, P. e HERZLICH, C. (2001), *Sociologia da Doença e da Medicina*, tradução de Laureano Pelegrin, EDUSC.

AGWA – Auditor General Western Australia (1997), *Private Care for Public Patients, Performance Examination* – The Joondalup Health Campus Contract. Report n.º 9.

ALLEN, G. (2001), *The Private Finance Initiative (PFI)*, Research Paper 01/117 – Economics Policy and Statistics Section, House of Commons Library.

ANDREOLI, P. B. e MARI, J.J. (2002), Assessment of a consultation-liaison psychiatry and psychology health care program, *Revista de Saúde Pública*, 36 (2), pp. 222- 9.

ARAH, A.O, *et al.*, (2003), Conceptual frameworks for health systems performance: a quest for effectiveness, quality, and improvement, *International Journal for Quality in Health Care*, 15 (5), pp. 377-398.

ARGC – Audit Review of Government Contracts (2000), *Contracting, privatisation, probity & disclosure in Victoria* 1992-1999, An independent report of Government. Melbourne, Government of Victoria.

ARROW, K. J. (1963), Uncertainty and the Welfare Economics of Medical Care, *American Economic Review*, Volume LIII, n.º 5, pp. 941-973.

ATKINSON, A. B. e STIGLITZ, J. E. (1980), *Lectures on Public Economics*, McGraw-Hill.

ATKINSON, P. e NOORD, P. (2001), *Management Public Expenditure: Some Emerging Policy Issues and a Framework for Analysis*. Economics Department, Working Papers n.º 285. OCDE, Paris. www.oecd.org/dataoecd/31/39/1891839.pdf

BALDUZZI, P. (2005), *Game Theoretic Models of Public Choice and Political Economy*, Tese de Doutoramento, The University of Edinburgh.

BALDWIN, R. e CAVE, M. (1999), *Understanding Regulation: theory, strategy and practice*. Oxford University Press.

BARAÑANO, A. M. (2004), *Métodos e Técnicas de Investigação em Gestão*.

170 *Fundamentos e Modelos nas Parcerias Público-Privadas...*

Manual de apoio à Realização de trabalhos de investigação, Lisboa; Edições Sílabo.

Barbosa, A.S.P. (1997), *Economia Pública*. Lisboa; McGraw-Hill.

Barr, N. (2001), *The Welfare State as Piggy Bank. Information, Risk, Uncertainty and the Role of the State*. Oxford University Press.

Barros, P. P. (2005), *Economia da Saúde, Conceitos e Comportamentos*, Coimbra, Almedina.

Barros, P. P. (1999), *Eficiência e qualidade: mitos e contradições*, em Colóquio--debate "Eficiência e justiça em cuidados de saúde". Lisboa, Academia das Ciências.

Barros, P.P. (1995*), "Technology Levels and Efficiency in Health Care"*, em Documento de Trabalho 6/95, Lisboa, Associação Portuguesa de Economia da Saúde.

Bennett, J. and Iossa, E. (2005), *Building and Managing Facilities for Public Services*, CMPO Working Paper Series n.º 05/137.

Bentz, *et al.*, (2001), *What Should the State Buy?*, CMPO Working Paper Series, n.º 01/40.

Besley, T. and Ghatak, M. (2001), *Government versus private ownership of public goods*, Centre for Economic Policy Research, Discussion Paper n.º 2725.

Bovaird, T. (2004), Public–private partnerships: from contested concepts to prevalent practice, International *Review of Administrative Sciences*, 70(2), pp. 199-215.

Brugha, R. e ZWI, A. (1998), Improving de Quality of private sector delivery of public health services: challenges and strategies, *Health Policy and Planning*, 13 (2), pp. 107-120.

Cabana, M. D, *et.al*, (1999), Why don't physicians fallow clinical practice guidelines? A framework for improvement, *Journal of the American Medical Association*, 282 (15), pp. 1458-1465.

Campos. A.C. (1986), *"Avaliação Económica de Programas de Saúde"*, Cadernos de Saúde/10 Série XII, n.º 2, pp. 1-28, Lisboa, Escola Nacional de Saúde Pública.

Campos, A. C. (coordenador), *et al.,* (1987), *"A combinação público privada em saúde: Privilégios, estigmas e ineficiências"* em Obras Avulsas 5.oa, Lisboa, Escola Nacional de Saúde Pública.

Caprara, A. *et al.*, (1999), *A relação paciente médico: para uma humanização da prática médica*, Cadernos de Saúde Pública, 15 (3), pp. 647-654.

CCE – Comissão das Comunidades Europeias (1985), *A Europa Passo a Passo – Cronologia da Comunidade Europeia*. 5ª ed., Luxemburgo.

CCE (2001), Relatório ao Conselho Europeu de Laeken, serviços de interesse geral. Bruxelas, COM (2001) 598 final.

Bibliografia

CCE (2003a), *Communication from the Commission – A European Initiative for Growth*, Bruxelas, COM (2003) 690 final/2.

CCE (2003b), *Directrizes para parcerias público-privadas bem sucedidas*. Bruxelas. www.ppp.mg.gov.br/download/diretrizes.pdf.

CCE (2004a), *Livro Verde sobre as Parcerias Público-Privadas e o Direito Comunitário em Matéria de Contratos Públicos e Concessões*. Bruxelas, COM (2004) 327 final. http:/europa.eu.int/com/internal_market.

CCE (2004b), *Livro Branco sobre os serviços de interesse geral*. Bruxelas, COM (2004) 374 final.

CCE (2005), *Comunicação da Comissão ao Parlamento Europeu, ao Conselho, ao Comité Económico e Social Europeu e ao Comité das Regiões, sobre as PPP, sobre as Parcerias Público-Privadas e o Direito Comunitário sobre Contratos Públicos e Concessões*. Bruxelas, COM (2005) 569 final. http:/europa.eu.int/com/internal_market.

CCPPP – *The Canadian Council for Public Private Partnerships*. www.pppcouncil.ca

CCPPP Hospitals (2003), *The Canadian case for Hospital PPP Projects*. The Canadian Council for Public-Private Partnerships, Toronto.

CHANG, J.T. *et al.*, (2006), *Patients' global ratings of their health care are not associated with the technical quality of their care*, Annals of Internal Medicine, Vol. 144, pp.665-672.

CHINITZ, D. (2002), *Good and Bad health sector regulation: an overview of the public policy dilemmas*, in: Saltman, Richard. B., Busse R. and Mossialos, E. (ed.), *Regulating entrepreneurial behaviour in European health care systems*, pp. 56-72, Philadelphia: Open University Press.

CONNOLLY, S. e MUNRO, A. (1999), *Economics of the Public Sector*. Prentice Hall.

CORNES, R. e SANDLER, T. (1986), The *Theory of Externalities, Public goods, and club goods*, Cambridge University Press.

CORRY, D (1997), *Public Expenditure: Effective Management and Control*, London, The Dryden Press.

CRAMPES, C. e ESTACHE, A. (1997), *Regulatory trade-offs in the design of concession contracts*. www.worldbank.org/html/dec/Publications/Workpapers/WPS1800series/wps1854/wps1854.pdf

DIXON, J. (2005), *Regulation Health Care – The way forward*, London, King's Fund.

DONABEDIAN, A. (1980), *The Definition of Quality and Approaches to its Assessment. Explorations in Quality Assessment and Monitoring*, Volume I. Michigan, Health Administration Press Ann Arbor.

DTF – Department of Treasury and Finance (2000), *Partnerships Victoria*. www.vic.gov.au/treasury/treasury.html

DTF (2006), *Partnerships Victoria, Overview – Guidance Material 2006*, Melbourne.

EIB – European Investment Bank (2004), *The EIB's role in Public-Private Partnerships (PPPs)*. www.eib.europa.eu.

EIB (2005), *Evaluation of PPP projects financed by the EIB – Synthesis Report*. www.eib.europa.eu.

EIRIZ, V. e FIGUEIREDO, J. A. (2004), Uma abordagem em rede à avaliação da qualidade dos serviços de saúde, *Revista Portuguesa e Brasileira de Gestão*, 3 (4), pp. 20-27, Lisboa, Indeg/Iscte.

ENGLISH, L. M. (2005), Using public-private partnerships to achieve value for money in the delivery of health care in Australia. Special Issue on Public--Private Partnerships and Public Sector Management Reform: a comparative perspective, *International Journal of Public Policy*, 1 (1/2), pp. 91-121.

ERNST & YOUNG (2002), *Progress and Prospects, Health Care PFI, a Survey*, London.

EUROSTAT (2002), *Manual do SEC 95 sobre o défice e a dívida das administrações públicas*, Luxemburgo, Comunidades Europeias.

EUROSTAT (2004), *Long term contracts between government units and non--government partners (Public-private-partnerships)*. Luxemburgo, Comunidades Europeias.

FERREIRA, A. S. (2004), Regulação em saúde e regulação das utilities: que diferenças?, *Revista Portuguesa e Brasileira de Gestão*, 3 (1), pp. 42-52, Lisboa, Indeg/Iscte.

FITZGERALD, P. (2004), *Review of Partnerships Victoria Provided Infrastructure. Final Report to the Treasurer*. Melbourne.

FOURIE, F. e BURGER, P. (2000), An Economic Analysis and Assessment of Public-Private Partnerships, *The South African Journal of Economics*, 68 (4), pp. 693-725.

FRAGATA, J. e MARTINS, L. (2004), *O Erro em Medicina. Perspectivas do Indivíduo, da Organização e da Sociedade*, Coimbra, Almedina.

FRANK, R. H. (1999), *Microeconomia e Comportamento*. 3.ª ed., (tradução), Lisboa, McGraw-Hill.

GANGEMI, L. (1964), *Tratado de Hacienda Publica*. Volume I, Madrid, Editorial de Derecho Financiero.

GERRARD, M. B. (2001), Public-Private Partnerships. What are public-private partnerships, and how do they differ from privatizations?, *Finance & Development*, International Monetary Fund (IMF), 38 (3), pp. 441-451.

GIRISHANKAR, N. e SILVA, M. (1998), *Strategic Management for Government Agencies. An Institutional Approach for Developing and Transition Economies*, Working Paper Series n.° 386, Washington, DC, World Bank.

GIRISHANKAR, N. (1999*), Reforming Institutions for Service Delivery. A framework for Development Assistance with an Application to the Health*, Nutrition, and Population Portfolio. *Policy Research* Working Paper n.° 2039. Washington, DC, World Bank.

GOUT, P. A. (2005), *Value-for-money measurement in public-private partnerships*, in: Innovative financing of infrastructure – *the role of public-private partnerships: Lessons from ten early movers*, EIB Papers, 10 (2), pp. 32-56. Luxembourg.

GREER, P. (1994), *Transforming Central Government: the Next Steps Initiative*, Philadelphia, Buckingham and Open University Press.

GRIFFITHS, A. & WALL, S. (1997), *Applied Economics, An Introductory Course*, Seventh Edition, Edinburgh, Addison Wesley Longman.

HAMMER, J. S. (1997), Economic Analysis for Health Projects. *The World Bank Research Observer*, 12 (1), pp. 47-71, Washington, DC World Bank.

HARRIS, J. E. (1976), Fuchs' Who Shall Live? Health, Economics, and Social Choice, *the Bell Journal of Economics*, 7(1), pp. 340-343.

HART, Oliver (2003), Incomplete contracts and public ownership: Remarks, and an application to public-private partnerships, *Economic Journal*, 113, pp. 69-76.

HART, O. e MOORE, J. (1988), *Foundations of incomplete contracts*. National Bureau of Economic Research, Working Paper n.° 6726.

HART, O., SHLEIFER, A. e VISHNY, R. W. (1997), The proper scope of government: Theory and an Application to Prisons, *Quarterly Journal of Economics*, 112 (4), pp.1127-1161.

HA&FS (2005), *Review of the provision Hospital Ancillary and food Services*. www.ssa.vic.gov.au/CA2571410025903D/WebObj/HA&FSReport/$File/HA&FSReport.pdf. Stateserviceautority, Melbourne.

HEMMING, R. (2006), *Public-Private Partnerships. Realizing the Potential for Profitable Investment in Africa*, comunicação num Seminário organizado pelo IMF e Joint Africa Institute, Tunis, Fevereiro-Março.

HERBER, B. P. (1979), *Modern Public Finance*, Fourth Edition, Ontario, Irwin--Dorsey Limited.

HMT – HM Treasury – Treasury Taskforce (1999), *How to account for PFI transactions,* Technical Note n.° 1, London.

HMT – HM Treasury (2003), *PFI: Meeting the Investment Challenge,* London.

174   *Fundamentos e Modelos nas Parcerias Público-Privadas...*

HMT (2004), *Value for Money Assessment Guidance*, London.

HMT (2006), PFI: *Strengthening long-term partnerships*, London.

HOOD C. (1991), A public management for all seasons, *Public Administration*, 69 (1), pp. 3-19.

HOOD C. (1995b), The New Public Management' in the 1980s: Variations on a Theme, *Accounting Policy and Administration*, 10 (2), pp. 104-117.

HYMAN N.D. (1996), *Public Finance. A contemporary Application of Theory to Policy*. Fifth Edition, The Dryden Press.

HSIAO, W. and HELLER, P.S. (2007), *What Should Macroeconomists Know about Health Care Policy?* FMI Working Paper 07/13.

IFSL – International Financial Services London (2001), *Public Private Partnerships: UK Expertise for International Markets*. London www.ifsl.org.uk

IFSL (2003), *Public Private Partnerships: UK Expertise for International Markets*. London www.ifsl.org.uk

IFSL (2006), *PFI in the UK: Progress and Performance. Update*. London www.ifsl.org.uk (acedido em 25/07/2006)

IPPR (2001), *Building Better Partnerships. The final report from the commission on public private partnerships*. London,The Institute for Public Policy Research (IPPR).

IMF (2004), *Public-Private Partnerships*. www.imf.org/external/np/fad/2004/pifp/eng/031204.pdf

JAKAB, M. *et al.*, (2002), The *Introduction of Market forces in the Public Hospital Sector. From New Public Management to Organizational Reform*, World Bank.

KEE, J. E. and FORRER, J. (2002), *Private Finance Initiative – The Theory behind the Practice*, apresentado em 14th Annual Conference of the Association for Budgeting and Financial Management, October 10-12, Kansas City, Missouri.

KETTL, D. (1997), The global revolution in public management: Driving themes, missing links, *Journal of Policy Analysis and Management*, 16, pp. 446-462.

KIRSCHEN, E.S. & ASSOCIATES (1968), *The Objectives of Economic Policy*, in: Robison J.A., Cutt James (ed.), – *Public Finance in Canada*: Selected Rea-dings, pp. 7-12, Toronto, Methuen Publications.

KOLZOW D.R (1994), *Public/Private Partnerships: The Economic Development Organization on the 90s*. Economic Development, 12(1), Winter.

KRAJEWSKI, L. e RITZMAN, LARRY P. (2001), *Operations Management, Strategy and analysis*. 6th Edition, Prentice Hall.

LANE, J.E. (1994), Will public management drive our public administration?, *Asian Journal of Public Administration*, 16(2), pp. 139-151.

LARBI, G. A. (1999), *The New Public Management Approach and Crisis States*. UNRISD Discussion Paper n.° 112. Geneva.

LEAHY, P. (2005), *Lessons from the Private Finance Initiative in the United Kingdom*, in: Innovative financing of infrastructure – the role of public--private partnerships: *Lessons from the early movers*, EIB Papers, 10 (2), pp. 58-71. Luxembourg.

LINDELÖW, M. e WAGSTAFF, A. (2003), *Health Facility Surveys: An introduction. World Bank Policy Research,* Working Paper n.° 2953, Washington, DC, World Bank.

LSE (2000), *Value for money Drivers in the Private Finance Initiative*. A Report by Arthur Andersen and Enterprise LSE. The Treasury Taskforce Limited, London.

MAGUIRE, G. e MALINOVITCH, A. (2004), Forum: Public-Private Partnerships, Development of PPP in Victoria, *Australian Accounting Review*, 14 (2), pp. 27-33.

MALTBY, Paul (2003), *In the public interest. Assessing the potential of Public Interest Companies*, London,The Institute for Public Policy Research (IPPR).

MALLON, R.D. 1994, *"State-Owned enterprise reform through performance contracts: The Bolivian experiment"*, World Development, 22(6): pp. 925-934.

MARTIN, S. e PARKER D. (1997), *The Impact of Privatization. Ownership and corporate performance in the UK,* London: Routledge.

MARTIN, M. R. V. (1997), *Privatizações: Objectivos e Modalidades, Uma Abordagem centrada no caso Português*. Tese de Mestrado em Economia, Coimbra.

MASCARENHAS, R.C. (1993), Building an enterprise culture in the public sector: Reforms in Australia, New Zealand and Great Britain, *Public Administration Review*, 53(4), pp. 319-328.

MATA, J. (2000), *Economia da empresa*. Lisboa, Fundação Calouste Gulbenkian.

MCKEE, M. e HEALY, J. (2002), The evolution of hospital systems, in: Mckee, M. e Healy, J. (ed.), *Hospitals in a Changing Europe*. European Observatory on Health Care Systems Series, Buckingham, Open University Press.

MCLOUGHLIN, V., *et al.*, (2001), Improving performance using indicators. Recent experiences in The United States, the United Kingdom and Australia, *International Journal for Quality in Health Care*, 13 (6): pp. 455-462.

176 *Fundamentos e Modelos nas Parcerias Público-Privadas...*

MENESES, C. H. (1991), *Princípios de Gestão Financeira*, 3.ª ed., Lisboa, Editorial Presença.

METCALFE, L e RICHARDS, S. (1990), *Improving Public Management*, 2nd edition, London, Sage.

MITCHELL, G. W. e GROVE, M. A. (1966), *Economic Knowledge and Government Responsibility*. In: Kleinsorge, Paul L., (ed.), *Public Finance and Welfare "Essays in Honor of C.Ward Macy"*. University of Oregon Books.

MMABC – Ministry of Municipal Affairs of British Columbia (1999*), Public Private Partnership – A guide for Local Government*. British Colombia.

MONTEIRO, R. S. (2005), *Public-private partnerships: some lessons from Portugal*, in: Innovative financing of infrastructure – the role of public-private partnerships: *Lessons from the early movers*, EIB Papers, 10 (2), pp. 72-81, Luxemburgo.

MPIR – Ministry of Public Infrastructure Renewal (2004), *Building a Better Tomorrow: an Infrastructure Planning, Financing and Procurement Framework for Ontario's Public Sector*, Ontario.

MPIR (2005), *Renew Ontario 2005-2010, Strategic Highlights*, Ontario. www.pir.gov.on.ca

MUSGRAVE, R. A. e MUSGRAVE P. B. (1976), *Public Finance in Theory and Practice*. Second Edition, McGraw-Hill.

MUSGROVE, Philip (1996), *Public and Private Roles in Health. Theory and Financing Patterns*. World Bank, Discussion Paper n.° 339. Washington, DC, World Bank.

MUSGROVE, Philip (2004), Health Economics in Development, *Health, Nutrition, and Population Series*. Washington, DC, World Bank.

NAO – National Audit Office (2002), *The PFI Contract for the redevelopment of West Minddlesex University Hospital*, London.

NAO (2003), *PFI: Construction Performance*. London.

NAO (2005a), *Darent Valley Hospital: The PFI Contract in Action*, Report by the comptroller and auditor General. London.

NAO (2005b), *Innovation in the NHS: Local Improvement Finance Trusts*. London.

NEVES, J. C. (1998), *Análise Financeira, Métodos e Técnicas*, 11.ª ed., Lisboa, Texto Editora.

NEVES, J.C. (2005), *Avaliação e Gestão da Performance Estratégica da Empresa*. Lisboa, Texto Editores.

NHS – National Health Service (1999), *"Public Private Partnerships in the National Health Service: the Private Finance Initiative – Overview*. www.dh.gov.uk/assetroot/o4/02/11/27/04021127.pdf (acedido em Agosto de 2006)

NHS – (2000), *The NHS Plan*. www.dh.gov.uk

NSWG – New South Wales Government (2001), *Working With Government, Policy for Privately Financed Projects*. Sydney NSW. www.nsw.gov.au/wwg

NSWG (2002), SISP – *State Infrastructure Strategic Plan 2002*. Sydney NSW, www.gov.au/wwg

OCDE (1995), *Governance in Transition: Public Management Reforms in OCDE Countries*, Paris.

OCDE (2001), *Government of the Future*, Puma Policy Brief n.° 9. www.oecd.org/dataoecd/1/5/1917165.pdf

OCDE (2002), *Recent Privatisation Trends in OECD Countries*. www.oecd.org/dataoecd/29/11/1939087.pdf

OCDE (2003a), *Privatisation State-owned Enterprises. An Overview of Policies and Practices in OECD Countries*, *OCDE Publishing, Paris*.

OCDE (2003b), *Health-Care Systems: Lessons from the Reform Experience*, OCDE Health Working Papers, n.° 9.

OCDE (2005), *Modernising Government: The Way Forward. OCDE Publishing, Paris*.

Oliveira, M. (2002), Will hospital management reform in Portugal work, *Euro Observer*, 4 (4), pp.3-5.

Olowu, D. (2002), Introduction New Public Management: An African Reform Paradigm?, *Africa Development*, Vol. XXVII, No. 3&4, pp. 1-16.

OPS – Observatório Português dos Sistemas de Saúde (2005), *Novo Serviço Público de Saúde. Novos Desafios*, Relatório de Primavera, Lisboa, Escola Nacional Saúde Pública.

OPS (2004), *Incertezas… Gestão da Mudança na Saúde*, Relatório de Primavera, Lisboa, Escola Nacional Saúde Pública.

OWENS, Hughes E. (1998), *Public Management and Administration*, London, McMillan.

PALMER, *et al*., (2003), *A new face for private providers in developing countries: What implications for public health*? *Bulletin of World Health Organization* – Policy and Practice, 81(4) pp. 292-297.

PAUL, M. (1981), *Les Finances de L'Etat. "budget, comptabilité"*, Economica: Paris.

PAEC – Public Accounts and Estimates Committee (2003), *Report on the Evidence Obtained Overseas in Connection With the Inquiry Into Private Sector Investment in Public Infrastructure*, Parliament of Victoria, Melbourne. www.parliament.vic.gov.au/paec

PARTNERSHIP BC – Partnership British Columbia. *Annual Report*, 2003-04. www.partnershipsbc.ca

PEREIRA, *et al*., (2005), *Economia e Finanças Públicas*, Lisboa, Escolar Editora.

178   *Fundamentos e Modelos nas Parcerias Público-Privadas...*

PIGOU, C.A. (1968), *Is Economic Welfare Synonymous with Total Welfare?*, in: Robison J. A., Cutt James – *Public Finance in Canada: Selected Readings*, pp. 12-14, Toronto, Methuen Publications.

PINTO, C. G. (1995), *Competition in the Health Care Sector and Welfare*, Documento de Trabalho 1/95, Lisboa, Associação Portuguesa de Economia da Saúde.

POLLOCK, *et al.*, (2001), *Public services and the private sector. A response to the IPPR*, A Catalyst Working Paper, Catalyst, London.

PONGSIRI, N. (2002), Regulation and public-private partnerships, *The International Journal of Public Sector Management*, 15 (6), pp. 847-495.

PREMCHAND, A. (2000), *Control of Public Money "The Fiscal Machinery in Developing Countries"*. Oxford University Press.

PREKER, A. S. e HARDING, A. (2000), The Economics of public and private roles in health care. Insights from institutional Economics and Organizational Theory, World Bank.

PROPPER *et al.*, (2005), *Extending Choice in English Health Care: The implications of the Economic Evidence*, CMP- Working Paper n 05/133.

PUK – Partnerships UK (2000), *The Government's Approach*. www.partnership-suk.org.uk

PUK – (2006), *Report on Operational PFI Projects*. www.partnershipsuk.org.uk

PV – Partnerships Victoria , www.partnerships.vic.gov.au

PwC – PriceWaterHouseCoopers (2004), *Developing Public Private Partnerships in New Europe*.

PwC (2005a), *Delivering the PPP promise – A review of PPP issues and activity*.

PwC (2005b), Global PPP/ Infrastructure Yearbook 2005 – Infra-News. *Developing PPPs Within the Australian Healthcare Market*, pp. 104-105.

RAO, M. *et al.*, (2006), *Patiens' own assessments of quality of primary care compared with objective records based measures of technical of care: cross sectional study*, British Medical Journal, 333:19.

RCP – Royal College of Physicians (2005), *Doctors in society. Medical professionalism in a changing world*, Report of a Working Party of the Royal College of Physicians, London.

RICO, A. E Puig-Junoy, J. (2002), *What can we learn from the regulation of public utilities?*, in: Saltman, Robison. B., Busse R. and Mossialos, E. (ed.), *Regulating entrepreneurial behaviour in European health care systems*, pp. 73-90. Philadelphia: Open University Press.

RIESS, A. (2005), *Is the PPP model applicable across sectors?*, in: Innovative financing of infrastructure – the role of public-private partnerships: *Lessons from the early movers*, EIB Papers, 10 (2), pp. 10-30, Luxemburgo.

Bibliografia

179

Robison, A.J. (1968), *The economics Objectives for Budget Policy*, in: Robison A.J., Cutt James (ed.), *Public Finance in Canada: Selected Readings*, pp. 14-17.

ROE (2005), *Relatório do Orçamento de Estado para 2006*, Lisboa, Ministério das Finanças.

ROE (2006), *Relatório do Orçamento de Estado para 2007*, Lisboa, Ministério das Finanças.

ROE (2007), *Relatório do Orçamento de Estado para 2008*, Lisboa, Ministério das Finanças.

Roque, A. (2004), *Regulação do Mercado: Novas Tendências*. Lisboa, Quid Júris.

Rosenkranz, S. and Schmitz, P. (2001), *Join ownership and incomplete contracts: the case of perfectly substitutable investments*, Centre for Economic Policy Research, Discussion Paper n.° 2679.

Salop, S. (1976), Information and Market Structure. Information and Mono-polistic Competition, the *American Economic Review*, 66 (2), pp. 240-245.

Saltman, Richard B. and Busse R. (2002), *Balancing regulation and entrepreneurialism in Europe's health sector: theory and practice*, in: Saltman, Richard B., Busse R. and Mossialos, E. (ed.), *Regulating entrepreneurial behaviour in European health care systems*, pp. 3-52. Philadelphia: Open University Press.

Samuelson, A.P. & Nordhaus, W. D. (1993), *Economia*, 14ª ed., Lisboa, McGraw-Hill.

Savas, E.S. (2000), *Privatization and Public-Private Partnerships*, New York.

Scrivens, E. (2002*), Accreditation and the regulation of quality in health services*, in: Saltman, R. B., Busse R. and Mossialos, E. (ed.), *Regulation entrepreneurial behaviour in European health care systems*, pp. 91-105, Philadelphia: Open University Press.

Shirley, M. and Xu, C.L. (1997), *Information, Incentives and Commitment: An Empirical Analysis of contracts between Government and State Enterprises*. Working Paper n.° 1769, Washington, D.C. World Bank.

Simões, J. A. (2004), *As Parcerias público privadas no sector da saúde em Portugal*, in: Revista Portuguesa de Saúde Pública, Volume temático n.° 4, pp. 79-90, Lisboa, Escola Nacional Saúde Pública.

Simões, J. (2004a), *Retrato Político da Saúde. Dependência do percurso e inovação em Saúde: da Ideologia ao Desempenho*. Coimbra, Almedina.

Simões, J. (2004b), *A avaliação do desempenho de hospitais*, in: Revista Portuguesa de Saúde Pública, Volume Temático n.° 4, pp. 91-120, Lisboa, Escola Nacional Saúde Pública.

180 *Fundamentos e Modelos nas Parcerias Público-Privadas...*

SHARP, L. e TINSLEY, F. (2005), *PPP Policies Throughout Australia. A comparative Analysis of Public Private Partnerships*, in Public Infrastructure Bulletin, Vol. 5, pp. 21-34. Melbourne, Melbourne University Pivate.

SOUSA, D.P. (1992), *Finanças Públicas*. Lisboa, Instituto Superior de Ciências Sociais e Políticas.

S&P – Standard & Poor's (2005), *A Global Survey of PPP: New Legislation A Sets Context for Growth*, in PPP Credit Global Survey 2005, London.

STIGLITZ, J.E. (1988), *Economics of the Public Sector*. Second Edition, W.W. Norton & Company: London.

SUSSEX, J. (2001), *The economics of the private finance initiative in the NHS*. London, Office of Health Economics.

TAYLOR, A. (1986), *As Grandes Doutrinas Económicas*. Publicações Europa América, 8.ª ed.

TAYLOR, R. e BLAIR, S. (2002), *Public Hospitals, Options for Reform through Public-Private Partnerships*, in: The World Bank Group-Private Sector and Infrastructure Network, Note Number 241.Washington DC. www.worldbank.org/html/fpd/notes/

TC – Tribunal Contas (2004), *Parecer sobre a conta Geral do Estado de 2004*, Lisboa.

TC (2005), *Relatório de Auditoria n.º 33/O5 "Encargos do estado com as Parcerias Público Privadas: Concessões Rodoviárias e Ferroviárias"*, Lisboa.

TC (2006), *O Controlo Externo das Parcerias Público-Privadas (A experiência Portuguesa)*. IV Assembleia Geral da Organização das ISC da CPLP, Maputo.

THOMPSON, C.R. e MCKEE, M. (2004), Financing and planning of public and private not-for-profit hospitals in the European Union, *Health Policy*, 67 (3), pp. 281-291.

TUE – *Tratado da União Europeia* (1992), Lisboa, Ministério dos Negócios Estrangeiros.

TURRINI, A. (2004), Public investment and the EU fiscal framework. *Economic Papers*, n.º 202, European Commission, Bruxelas.

UCHIMURA, K. Y. e BOSI, M. L. M. (2002), *A qualidade e subjectividade na avaliação de programas e serviços em saúde*, Cadernos de Saúde Pública, 18 (6): pp. 1561-1569.

UCHIMURA, K. Y. e BOSI, M. L. M. (2007), Avaliação da qualidade ou avaliação qualitativa do cuidado em saúde? *Revista de Saúde Pública*, 41 (1): pp. 150-3.

UCHÔA, E. e VIDAL, J. M. (1994), Antropologia Médica: Elementos conceituais e metodológicos para uma abordagem da saúde e da doença, *Cadernos de Saúde Pública*, 10 (4): pp. 497-504.

UTFP – Unità Tecnica Finanza di Progectto. www.utfp.it
UTFP – CIPE, Comitato Interministerial per la Programmazione Economica (2002), *Relazione Sull'attivitá volta dall'unità tecnica Finanza di Progetto nell periodo, Julho 2000-Dezembro de 2001*. www.utfp.it
UTFP – ES, Edilizia Sanitaria (2002), *Analise di Settore*. www.utfp.it

VU – Victoria University (2005), *Managing Trust and Relationships in PPP: Some Australian Experiences*. Working Papers Series School of Management, Working Paper n.° 17, Melbourne.

ZIFCAK, S. (1994), *New Managerialism: Administrative Reform in Whitehall and Canberra*, Buckingtam, Open University Press.

WISEMAN, J. and PEACOCK, T.A. (1966), *The Past and Future of Public Spending*, in: Scherer, J. e Papke, J. A. (ed.), *Public Finance & Fiscal Policy* – Selected Readings, pp. 105-112, Boston.
WORLD BANK (1995), *Bureaucrats in Business: The economics of Government Ownerships*, New York, Oxford University Press.
WORLD BANK (1997), *The State in a changing World* – World Development Report. Oxford University Press.
WHO – World Health Organization (2000), *World Health Report. Health Systems Improving Report*. Geneva.

YAMAMOTO, H. (2003), *New Public Management – Japan's Practice*. IIPS Policy Paper 293E. Tokyo.

LEGISLAÇÃO:

Lei 48/90, de 24 de Agosto
Decreto Lei n.° 185/2002, de 20 de Agosto
_____ – n.° 86/2003, de 26 de Abril
_____ – n.° 141/2006, de 27 de Julho
Decreto Regulamentar n.° 10/2003, de 28 de Abril
_____ – n.° 14/2003, de 30 de Junho
Despacho Normativo n.° 35/2003, de 20 de Agosto
Resolução do Conselho de Ministros n.° 162/2001, de 16 de Novembro